现代企业管理与社会责任理论研究

李亚杰　王风云　著

天津出版传媒集团

天津人民出版社

图书在版编目（CIP）数据

现代企业管理与社会责任理论研究 / 李亚杰, 王风云著. -- 天津 : 天津人民出版社, 2021.6（2025.1 重印）

ISBN 978-7-201-17456-3

Ⅰ.①现… Ⅱ.①李… ②王… Ⅲ.①企业管理－研究－中国②企业责任－社会责任－研究－中国 Ⅳ.①F279.2

中国版本图书馆 CIP 数据核字(2021)第 125667 号

现代企业管理与社会责任理论研究
XIANDAI QIYE GUANLI YU SHEHUI ZEREN LILUN YANJIU

出 版	天津人民出版社
出版人	刘 庆
地 址	天津市和平区西康路35号康岳大厦
邮政编码	300051
邮购电话	(022)23332469
电子邮箱	reader@tjrmcbs.com

责任编辑	孙 瑛
封面设计	吴志宇
内文制作	牧野春晖(010-82176128)

印 刷	三河市悦鑫印务有限公司
经 销	新华书店
开 本	710毫米×1000毫米 1/16
印 张	12.75
字 数	210千字
版次印次	2022年1月第1版 2025年1月第2次印刷
定 价	79.00元

前　　言

　　企业是现代社会中普遍存在的、具有活力、较为复杂的组织，是经济社会的基本细胞，是促进经济发展与繁荣的动力之源。学习和掌握必要的企业管理知识具有重要的意义，它可以使企业管理者少走弯路，避免重蹈前人的覆辙。

　　随着经济全球化与企业管理动态化、国际化的不断发展，企业利益相关方对企业的关注重点从企业的经济状况转移到企业社会责任的履行方面。探索企业社会责任的披露与企业战略、企业内部经营管理和企业文化之间的关系，是建立良好的企业社会责任管理体系、为企业的经营管理和业务开展提供便利条件的重要手段。2020 年 7 月 21 日，习近平总书记在京主持召开企业家座谈会，强调要千方百计把市场主体保护好，激发市场主体活力，大力弘扬企业家精神，推动企业发挥更大作用、实现更大发展，为经济发展积蓄基本力量。尤其是在谈到如何弘扬企业家精神时，习近平总书记特别提出希望大家承担社会责任，由此引发了广大企业家的强烈共鸣。作为我国经济活动的主要参与者、就业机会的主要提供者、技术进步的主要推动者，企业家和企业必须承担社会责任。

　　当前的企业面临着比任何时候都更为复杂的外部环境。在经济环境方面，企业要承受因结构调整而带来的压力；在技术环境方面，企业要接受因"互联网+"、大数据、人工智能等领域科技飞速发展所带来的巨大挑战；在社会环境方面，企业必须适应因商务模式变革而带来的消费者行为方式的转变。所有这些都是企业管理者必须面对的。这就要求管理者必须在系统掌握企业管理相关理论和知识的基础上，灵活运用科学合理的管理技能，以抓住和适应这些由环境变化所带来的新机遇、新挑战和新的成长空间。对于肩负时代历史重任的企业家来说，为了追求卓越，一定要居安思危，保持清醒的头脑。在环境如此多变的今天，企业如果仍然按照过去的老观念办事，肯定难以适应环境的变化，最终会被市场无情淘汰。

　　企业社会责任是企业管理不可或缺的部分。企业社会责任是社会经济大环境下企业能够长期生存和发展的关键要素,特别是在新时代经济高速发展的背景下,越来越多的中国企业意识到主动承担更多的社会责任将更加有利于实现长期经济目标和价值,而不仅仅是只追求企业利润的最大化。然而,尚有部分企业因为没有承担足够多的社会责任而导致失败。这也为正在发展的企业敲响了警钟。

本书内容体系完整、逻辑顺畅、语言简洁易懂,共分为七个章节,分别为:企业管理理论的产生与演变、企业管理的基本职能、企业战略管理理论分类与手段、企业文化管理理论基本内容与实现路径、企业社会责任的基本概念阐述、企业社会责任中管理者视角的分析、企业社会责任与企业财务管理的分析。

本书将求实、求新作为创作的主导思想,同时坚持学以致用的创作理念,注重帮助读者跟随时代的脚步了解先进的企业管理与企业社会责任方面的知识,使读者在学习过程中形成清晰、科学的现代企业管理观念。与此同时,还详细阐述了企业文化管理的相关知识,为企业能够注入先进的文化理念贡献一份微薄之力。本书在系统阐述理论知识的同时,还汇编了贴近企业实际的管理案例和阅读资料,从而达到企业能够发现管理的问题所在,并积极探讨解决问题的思路与方法的目的。本书还着眼于在企业管理过程中将社会责任放在首位。可以说,企业社会责任已成为企业特别是中小企业生存的基础,是其核心竞争力之一,重要性不容忽视。

本书由郑州经贸学院李亚杰,河南工业大学王风云共同撰写,具体分工如下:李亚杰负责撰写第一章至第四章(第二节)(约12万字);王风云负责撰写第四章(第三节)至第七章(约9万字)。

本书在创作过程中,参考和借鉴了其他学者的研究成果,在此谨向这些学者表示诚挚的敬意。受作者水平以及掌握资料的限制,书中难免存在不足之处,敬请各位专家和广大读者批评指正。

作　者

目　　录

第一章　企业管理理论的产生与演变

第一节　企业管理的基本概述与基本原理

一、企业管理的概述

（一）管理及企业管理的定义

1. 管理的定义

虽然管理理论已经出现了很长时间，但学术界对于管理的定义尚未形成统一的认识。其原因在于管理主体、管理客体及管理环境的不同，人们在管理实践中所从事的管理活动具有显著的差异性，从而导致人们对管理活动产生不同的理解和认识，并最终形成了众多的管理定义。

本书认为，管理是指管理者在特定的环境中，为实现既定的组织目标，在充分利用组织资源的基础上，进行的一系列的计划、决策、组织、指挥、协调、激励、领导和控制等工作的总称。

2. 企业管理的定义

企业管理在本质上与其他类型的管理是一致的，都是为了实现既定的目标，都要受到环境的影响和制约，都要开展计划、组织、领导、控制等活动，都要通过他人来实现管理目标。所以，管理的基本原理在企业管理领域同样适用。所不同的是，企业是营利性组织，要面对激烈的市场竞争，企业管理比其他组织的管理更具风险性和挑战性。

借鉴组织管理的定义，企业管理的概念可以理解为：企业管理是指企业管理者为了实现既定的目标，根据自身的特性及生产经营规律，在特定的环境约束下，充分利用企业所拥有的各种资源所进行的计划、决策、组织、指挥、协调、激励、领导和控制等一系列工作的总称。

从上述定义中，我们可以明确以下问题。

1

（1）企业管理的目的是实现企业既定的目标

这就要求企业在开展管理活动时必须制定明确的、可行的目标。这不仅为企业指明了努力的方向，同时也会对企业员工产生一定的激励作用。

（2）企业的管理活动要受到内外部环境的影响和制约

有利的环境会促进企业的发展，不利的环境也会制约企业目标的实现。因此，对环境进行分析是企业管理活动的重要组成部分。

（3）在企业管理活动中需要投入各种资源

这些资源包括人力、物力、财力、技术和信息资源。在当今的管理环境下，资源外取已经成为重要的管理理念，即企业通过整合活动来获取希望得到的各种资源。

（4）企业管理由一系列的活动组成

这些活动包括计划、决策、组织、协调、领导、激励、控制等。这些活动并非孤立存在，而是相互联系、相互渗透、周而复始、循环不息的。

（二）企业管理者

企业管理者是企业管理活动的主体，其主要职责是制定整个企业或分支机构的目标，并创造良好的工作环境，通过协调他人活动来实现企业的既定目标。

1. 企业管理者的层次

企业管理者是企业中的重要成员，其工作职责与非管理者有很大的不同。非管理者又称操作者（Operator），是指直接从事某项工作或任务、不具有监督其他人职责的企业成员。例如，车间里的生产工人、饭店中的厨师和服务员等。而管理者（Manager）是指挥别人工作的人，他们处于操作者之上的组织层次中，当然管理者也可以承担某些作业职责。企业管理者按层级划分可以分为三个层次，即基层管理者、中层管理者和高层管理者（见图1-1）。

图 1-1　管理者层次

基层管理者（First-line Manager）是最低层次的管理者，他们管理的仅仅是操作者不涉及其他管理者。他们的主要职责是传达上级的计划、指示，直接分配每一个成员的生产任务或工作任务，随时协调下属的活动，控制工作进度，解答下属提出的问题，反映下属的要求。在企业中，这样的管理者通常被称作领班、主管或工长等。中层管理者（Middle Manager）包括所有处于基层和高层管理者之间的各个管理层次的管理者，他们的主要职责是贯彻执行高层管理人员所制定的重大决策，监督和协调下一层级管理人员的工作。中层管理者可能是部门经理、项目主管、工厂厂长或者事业部经理等。处于或接近组织顶层的是高层管理者（Top Manager），他们承担着制定重大决策、为整个组织制定战略计划和目标的责任。高层管理者的典型头衔是董事长、总经理、总裁、执行董事、首席运营官或董事会主席等。

不同层次的管理者在管理职能上存在明显的差异。各个层次的管理者都具有计划、组织、领导和控制职能，但他们在管理职能实践的重点、依据的信息、占用的时间和对组织的影响上都存在差异，图 1-2 从时间角度描述了这种差异。高层管理者在计划和控制职能上花的时间要多于基层管理者，而基层管理者在领导职能上花的时间要多于高层管理者。即使是同一职能的工作，不同层次的管理者从事的管理工作的内涵也不完全一样。

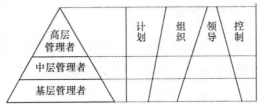

图 1-2　不同层次的管理者在 4 个管理职能上的时间分配情况

2. 企业管理者的角色

管理的成功取决于管理者对管理职能的履行情况。为了有效地履行各种管理职能，管理者必须明确自己所扮演的角色，并通过角色之间的配合和协作来完成任务。管理学家亨利·明茨伯格（Henry Mintzberg）在大量观察和研究的基础上，指出管理者扮演着十种不同的但高度相关的管理角色。明茨伯格将这十种管理角色组合成三个方面，即人际关系、信息传递和决策制定（见表 1-1）。

表 1-1　明茨伯格的管理角色理论

管理角色		描　述	特征与活动
人际关系	1. 代表人	象征性的代表人，履行法律和社会义务	迎接来访者，签署法律文件
	2. 领导者	负责激励、人员配备、培训	从事所有有下级参与的活动
	3. 联络者	维护自行发展起来的外部关系和信息来源，从中得到帮助	从事公关活动
信息传递	4. 监督者	寻求和搜集内外信息，为决策提供服务	阅读期刊和报告
	5. 传播者	将有价值的信息传递给相关组织人员	召开信息交流会
	6. 发言人	向外界发布组织的计划、政策和结果等	召开董事会，向媒体发布消息
决策制定	7. 企业家	寻求组织和环境中的机会，制定新的方案	组织战略制定会议
	8. 变革者	当面对组织危机时，充当纠正和变革的角色	对危机进行分析并采取行动
	9. 资源分配者	负责分配组织的各种资源	调度、授权、预算和控制
	10. 谈判者	在谈判中作为组织的利益代表	参加各种合同谈判

明茨伯格的管理者角色理论适用于所有的组织，显然对企业也同样适用。

3．企业管理者应具备的技能

企业管理者的职责是动态和复杂的，企业管理者需要特定的技能来履行他们的职责。罗伯特·卡茨（Robert L. Katz）研究发现，企业管理者需要具备三种基本的技能，即技术技能、人际技能和概念技能。

（1）技术技能

技术技能是指企业管理者掌握与运用某一专业领域的知识、技术和方法的能力。对于基层管理者来说，技术技能是最为重要的。随着企业管理者层级的提升，他们离实际的作业工作越来越远，所以技术技能对于企业的中高层管理者的重要性就不如对基层管理者那样重要了。

（2）人际技能

人际技能是指管理者处理人事关系的能力，即理解激励他人并与他人共事的能力，主要包括领导能力、影响能力和协调能力。人际技能对于不同层次的企业管理者来说都是十分重要的，因为具有良好人际技能的管理者能够促使员工做出更大的努力，能够更好地与员工沟通，从而对员工进行更加充分的激励和引导。

（3）概念技能

概念技能是指管理者洞察事物未来的发展趋势以及采取措施趋利避害的能力。具体地说，概念技能包括理解事物的相互关联性从而找出关键影响因素的能力，确定和协调各方面关系的能力以及权衡不同方案优劣和内在风险的能力，等等。具有概念技能的管理者能够深刻识别组织中的问题，制定有效的行动方案并且进行有效的实施。他们往往把组织看作一个整体，能够把握各个部分之间的关系，能够正确行使管理职能。同时还能够清晰地认识组织外部的环境，使组织适应动态环境并获得发展。对于高层管理者来说，这种技能更加重要。

从上述分析中可以看出，处于不同层次的企业管理者应掌握和运用的技能是有一定差异的。一般来说，企业的高层管理者应该掌握更多的概念技能，而企业的基层管理者则应该掌握更多的技术技能，人际技能则是对所有层次的管理者都同等重要的。图 1-3 直观地表达了这些技能和不同层次的管理者所需管理技能之间的关系。

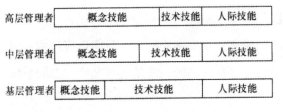

图 1-3　不同层次的管理者所需管理技能之间的关系

二、企业管理的原理

工欲善其事，必先利其器。企业管理的基本原理是指经营和管理企业必须遵循的一系列最基本的管理理念与规则。目前，关于企业管理基本原理的表述存在着不同的观点，可以说是仁者见仁，智者见智，企业管理的原理具体内容如下。

现代企业管理与社会责任理论研究

（一）系统原理

1. 系统的概念与特点

系统是由两个或两个以上相互区别又相互联系、相互作用的要素组成的，具有特定功能的有机整体。一般来说，系统具有目的性、整体性、层次性等特点。系统本身又是它所从属的一个更大系统的组成部分。从管理角度看，系统具有以下基本特征。

（1）目的性

任何系统的存在，都有一定的目的，为达到这一目的，必有其特定的结构与功能。

（2）整体性

整体的功效应大于各个个体的功效之和。任何系统都不是各个要素的简单集合，而是各个要素按照总体系统的同一目的，遵循一定规则组成的有机整体。只有依据总体要求协调各要素之间的相互联系，才能使系统整体功能达到最优。

（3）层次性

每个系统都有子系统，同时它又是一个更大系统的组成部分，它们之间是等级形态。任何系统都是由分系统构成的，分系统又由子系统构成。最下层的子系统是由组成该系统基础单元的各个部分组成。

（4）独立性

任何系统都不能脱离环境而孤立存在，只能适应环境，只有既受环境影响，又不受环境左右而独立存在的系统，才是具有充分活力的系统。

（5）开放性

管理过程必须不断地与外部社会环境交换能量与信息，若系统与外部环境交换信息与能量，就可把它看成是开放的；反之，就可把它看成是一个封闭的系统，而封闭的系统，大多具有消亡的倾向。

（6）相互依存性

管理系统各要素之间是相互依存的，管理活动与社会相关活动之间也是相互依存的。

（7）控制性

有效的管理系统必须有畅通的信息与反馈机制，使各项工作能够及时有效地得到控制。系统要保持"体内动态平衡"，开放的系统要生存下去，必须从环境中摄取足够的投入物来补偿它的产出物和其自身在运动中所消耗的能量。

2．企业管理系统的特点

企业管理系统是一个多级、多目标的大系统，是庞大的国民经济系统的一个组成部分，它具有以下主要特点。

（1）企业管理系统具有统一的生产经营目标，即生产适应市场需要的产品，提高经济效益。

（2）企业管理系统的总体具有可分性，即将企业管理工作按照不同的业务需要可分解为若干个不同的分系统或子系统，使各个分系统、子系统互相衔接、协调，以产生协同效应。

（3）企业管理系统的建立要有层次性，各层次的系统组成部分必须职责分明，各司其职，具有各层次功能的相对独立性和有效性。高层次功能必须统率其隶属的下层次功能，下层次功能必须为上层次功能的有效发挥竭尽全力。

（4）企业管理系统必须具有相对的独立性，任何企业的管理系统都是处在社会经济发展的大系统之中，因此，企业管理系统必须适应外部环境，同时又要保持独立，这样才能使企业管理系统处于良好的运行状态，从而达到企业管理系统的最终目的——获利。

（二）分工原理

分工原理产生于系统原理之前，其基本思想是在承认企业及企业管理是一个可分的有机系统前提下，对企业管理的各项职能与业务按照一定的标准进行适当的分类，并由相应的单位或人员来承担各类工作。

分工是生产力发展的要求，早在17世纪大机器工业开始形成时期，英国经济学家亚当·斯密就在《国民财富的性质和原因的研究》一书中，系统地阐述了劳动分工理论。20世纪初，泰罗又对劳动分工进行了更深的研究和拓展。分工的主要好处如下。

1. 分工可以提高劳动生产率

劳动分工使工人重复完成单项操作，从而提高劳动的熟练程度，带来劳动生产率的提高。

2. 分工可以减少工作损失时间

劳动分工使工人长时间从事单一的工作项目，中间不用或减少变换工作，从而减少工作损失时间。

3. 分工有利于技术革新

劳动分工可以简化劳动，使劳动者的注意力集中在一种特定的对象上，有利于劳动者创造新工具和改进设备。

4. 分工有利于加强管理，提高管理工作效率

泰勒将管理业务从生产现场分离出来之后，随着现代科学技术和生产的不断发展，管理业务也得到了进一步的细分，并成立了相应的职能部门，配备了专业人员，从而提高了管理工作效率。

分工原理适用范围广泛。从整个国民经济来说，可分为工业、农业、交通运输业、商业等部门；从工业部门来说，可按产品标志进行分工，设立产品专业化车间，也可按工艺标志进行分工，设立工艺专业化车间。在工业企业内部还可按管理职能不同，将企业管理业务分解为不同的类型，分别由相应的职能部门去负责，从而提高管理工作效率，使企业处于正常、不间断的良好运转状态。

分工要讲究实效，要根据实际情况进行认真分析，实事求是。一般企业内部分工既要职责分明，又要团结协作，在分工协作的同时要注意建立必要的制约关系。分工不宜过细，界面必须清楚，才能避免推诿、扯皮现象的出现。在专业化分工的前提下，按岗位要求配备相应技术人员，是保证企业产品质量和工作质量的重要措施。在做好劳动分工的同时，还要注意加强对职工的技术培训，以适应新技术、新方法不断发展的新要求。

（三）弹性原理

弹性原理是指企业为了达到一定的经营目标，在外部环境或内部条件发生变

化时，有能力适应这种变化，并在管理上所表现出的灵活的可调节性。现代企业是国民经济宏观系统中的一个子系统，它的投入与生产都离不开国民经济这个宏观系统，它所需要的生产要素由国民经济各个部门供给，它所生产的产品又需要向其他部门输出。可见，国民经济宏观系统是企业系统的外部环境，是企业不可控制的因素，而企业内部条件则是其可以控制的因素。当企业外部环境发生变化时，企业可以通过改变内部条件来适应这种变化，以保证达到既定的经营目标。

弹性原理在企业管理中应用范围很广。计划工作中留有余地的思想、仓储管理中保险储备量的确定、新产品开发中技术储备的构想、人力资源管理中弹性工作时间的应用等，都在管理工作中得到广泛的应用，并取得较高的成效。

近年来，在实际管理工作中，人们还把弹性原理应用于产品价值领域，收到了意想不到的效果。人们称其为产品弹性价值。产品价值是由刚性价值与弹性价值两部分构成，形成产品使用价值所消耗的社会必要劳动量叫刚性价值；伴随在产品使用价值形成或实现过程中附着在产品价值中的非实物形态的精神资源，如产品设计、制造者、销售者、商标以及企业的声誉价值，都属于产品的弹性价值，又称无形价值或精神价值，是不同产品的一种"精神级差"。这种"精神级差"是产品市场价值可调性的重要标准，是企业获得超额利润的无形源泉，商品在交换过程中获得更多的弹性价值，是当今企业孜孜追求的目标之一。

（四）效益原理

效益原理是指企业通过加强管理工作，以尽量少的劳动消耗和资金占用，生产出尽可能多的符合社会需要的产品，提供更优质的服务，不断提高企业的经济效益和社会效益。

提高经济效益是社会主义经济发展规律的客观要求，是每个企业的基本职责。企业在生产经营管理过程中，一方面要努力降低消耗、节约成本；另一方面要努力生产适销对路的产品，保证质量，增加附加值。从节约和增产两个方面提高经济效益，以求得企业的生存与发展。

企业在提高经济效益的同时，也要注意提高社会效益。经济效益与社会效益是一致的，但有时也会发生矛盾。一般情况下，企业应从大局出发，满足社会效益，在保证社会效益的前提下，最大限度地追求经济效益。

（五）激励原理

激励原理是指通过科学的管理方法激励人的内在潜力的充分释放和发挥，使每个人都能在组织中尽其所能，展其所长，为完成组织规定的目标自觉、努力、勤奋地工作。

人是生产力要素中最活跃的因素，创造团结和谐的工作环境，满足职工不同层次的需求，正确运用奖惩办法，实行科学合理的分配制度，开展不同形式的劳动竞赛等，都是激励原理的具体应用，都能较好地调动人的劳动热情，激发人的工作积极性，从而达到提高工作效率的目的。

激励理论主要有需求层次理论、期望理论等。严格地说，激励有两种模式，即正激励和负激励。对工作业绩有贡献的个人实行奖励，在更大程度上调动其积极性，激励他们完成更艰巨的任务，这类激励属于正向激励；对由于个人原因而使工作失误且造成一定损失的人实行惩罚，迫使其吸取经验教训、做好工作、完成任务，属于负激励。在管理实践中，按照公平、公正、公开、合理的原则，正确运用这两种类型的激励，可以较好地约束员工遵守劳动纪律、调动人的积极性、激发人的工作热情、充分挖掘人的潜力，从而使他们把工作做得更好。

（六）动态原理

动态原理是指企业管理系统必须随着企业内外环境的变化而及时更新或调整自己的经营观念、经营方针和经营目标。为达此目的，必须相应改变传统的管理方法和手段，使其与企业的经营目标相适应。企业在发展，事业在前进，管理要跟得上，关键在更新。运动是绝对的，不动是相对的，因此企业既要随着经营环境的变化，适时地变更自己的经营方法，又要保持管理业务上的适当稳定。

（七）创新原理

创新原理是指企业为实现总体战略目标，在生产经营过程中，根据内外环境变化的实际，按照科学态度，不断否定自己，创造具有自身特色的新思想、新思路、新经验、新方法、新技术，并加以组织实施。

企业创新，一般包括产品创新、技术创新、市场创新、组织创新和管理方法创新等。产品创新主要是提高质量、扩大规模、创立名牌；技术创新主要是加强科学技术研究，不断开发新产品，提高设备技术水平和职工队伍素质；市场创新主要是加强市场调查研究，努力开拓新市场，提高产品市场占有率；组织创新主要是企业组织结构的调整要切合企业发展的需要；管理方法创新主要是企业生产经营过程中具体管理技术和管理方法的创新。

（八）可持续发展原理

可持续发展原理是指企业在整个生命周期内。随时要注意调整自己的经营战略，以适应变化了的外部环境，从而使企业始终处于健康成长的阶段。现代企业家追求的目标不应是企业一时的兴盛，而是长盛不衰。这就需要遵从可持续发展的原理，从历史和未来的高度，全盘考虑企业资源的合理安排，既要保证近期利益的获取，又要保证后续事业得到蓬勃的发展。

寓言及启示：从前，有两个饥饿的人得到了一位长者的恩赐：一根鱼竿和一篓鲜活硕大的鱼。一个人要了鱼，另一个人要了鱼竿。得到鱼的人原地用干柴搭起篝火煮起了鱼，他狼吞虎咽，转瞬间，连鱼带汤被他吃了个精光，不久，他便饿死在空空的鱼篓旁。另一个人则继续忍饥挨饿，提着鱼竿一步步艰难地向海边走去，可他还没走到，就饿死在路上。

启示：一个只顾眼前利益的人或企业，得到的只能是短暂的欢愉；一个想着长远利益而不顾眼前利益的人或企业，也会遇到现实的窘迫和困难。只有把理想和现实结合起来，才可能取得成功。

第二节　管理理论的形成过程与发展趋势

一、管理理论的形成过程

（一）中外早期的管理思想

虽然系统的管理理论直到 19 世纪末 20 世纪初才在西方社会得以整合，但是，

现代企业管理与社会责任理论研究

人类有关管理的观念与实践却由来已久，有文字记载的中外早期管理思想可以追溯到几千年以前。可以说凡是有人群的地方，就会有管理的存在。管理活动的出现必然会促使一些人对其进行研究和探索，中外早期的管理思想就在这种管理实践的过程中逐渐萌发。

1．中国早期的管理思想

我国是一个历史悠久的文明古国，人们在社会实践中形成的管理思想源远流长。我国历史上曾经涌现了一大批杰出的管理思想大家，他们的管理思想至今仍然深刻地影响着我们的管理活动。在今天的管理者看来，早在 2000 多年前问世的《孙子兵法》仍是一部战略管理巨著。此外，周公关于组织方面的管理思想、管仲和范蠡等关于经营方面的管理思想、老子的以人为本的管理思想、孔子和孟子所倡导的儒家管理思想都是这一时期管理思想的重要代表。

中国早期管理实践和管理思想的主要特点：第一，历史悠久，可追溯到春秋战国时期；第二，涵盖内容广，涉及经济、军事、政治、文化、工程等多个领域；第三，适用层次多，既可应用于家庭、家族的日常事务管理，亦可作为"治国平天下"之韬略；第四，影响深远，例如，《孙子兵法》的战略思想被众多中外企业家应用于企业管理中。

总之，我国古代的管理思想极为丰富，它是古人留给我们的一笔宝贵遗产，其中的许多观点至今仍然深刻地影响着我们的管理实践。

2．西方早期的管理思想

西方的管理实践和管理思想同样有着悠久的历史。西方早期的管理实践和思想主要体现在指挥军队作战、治理国家和管理教会等活动之中。古埃及、古巴比伦、古希腊和古罗马在这些方面都有过重要的贡献。古埃及的金字塔、古巴比伦王国的《汉谟拉比法典》，以及亚里士多德的《政治学》都是这一时期管理实践和管理思想方面的杰出成果。

（1）古埃及的管理思想

古埃及修建了举世闻名的金字塔，金字塔成为人类文化的宝贵财产。如果没有严密的组织与管理，在当时要取得如此巨大的成就完全是不可能的事情。

埃及人很早就懂得了分权。法老作为"赖神之子"享有至高无上的神权，法老之下设有各级官吏，最高为宰相，辅助法老处理全国政务。宰相集"最高法官、宰相、档案大臣、工部大臣"等职衔于一身，但军权仍由法老直接掌管。宰相之下设有官员，分别管理财政、水利建设以及各地方事务。在古埃及，上至宰相，下至书吏、监工，形成了以法老为最高统治者的管理机构。

古埃及人也是"管理幅度"原则最早的实践者。根据研究发现，在古埃及，"每一个监督者大约管理 10 名奴仆"。所以，后来希伯来人在《圣经》里提出的以 10 为限的管理思想即来源于此。

（2）古巴比伦的管理思想

古巴比伦王国第六任国王汉谟拉比建立了强大的中央集权国家。国王任命各种官吏，管辖行政、税收和水利灌溉，总揽国家的全部司法、行政和军事权力，各级官吏是推行国王政令的工具。为了巩固其统治地位，汉谟拉比编制了《汉谟拉比法典》，作为国家行为的准绳。这部法典共分为序言、正文和结语三个部分。法典正文共 282 条，内容涉及财产、借贷、租赁、转让、抵押、奴隶等多个方面，较全面地反映了当时的社会情况，并以法律的形式来调节全社会的商业交往、个人行为、人际关系、工薪、惩罚以及其他社会问题。

阅读资料：汉谟拉比法典

《汉谟拉比法典》由序言、正文和结语三部分组成，序言和结语约占全部篇幅的五分之一，语言丰富，辞藻华丽，充满神化、美化汉谟拉比的言辞，是一篇对国王的赞美词。正文包括 282 条法律，对刑事、民事、贸易、婚姻、继承、审判等制度都做了详细的规定。

古巴比伦的《汉谟拉比法典》是迄今发现的最早的、保存完整的成文法典。据说，国王汉谟拉比每天要处理的案件太多，难以应付。他就让臣下把过去的一些法律条文收集起来，再加上社会上已形成的习惯，编成一部法典，并把它刻在石柱上，竖立在古巴比伦的神殿里。其目的是维护社会秩序，实质是维护奴隶主阶级的利益。

总体来说，《汉谟拉比法典》维护了奴隶主阶级的统治地位，保护了统治阶级的利益，确定了私有制，此外还保留了同态复仇原则和神明裁判的习惯。作为流传至今的楔形文字法中最为完整的一部法典，它较为系统地继承了两河流域原有的法律精华，不仅被后起的古代西亚国家，如赫梯、亚述、新巴比伦等继续使用，而且还通过希伯来法对西方法律文化产生了一定的影响，是研究古巴比伦社会的重要文献。

资料来源：根据百度百科汉谟拉比法典（http://baike.baidu.com/汉谟拉比法典/885898）整理

（3）古希腊的管理思想

古希腊是欧洲文明的摇篮。恩格斯曾经说过，没有希腊文化和罗马帝国所奠定的基础，也就没有现代的欧洲，由此可见古希腊曾经取得的巨大成就。

在古希腊的荷马时代，部落管理实行军事民主制，氏族部落采取的是"一长两会"制。"一长"即军事首领，"两会"即长老会和民众会。军事首领是公举出来的部落领袖，平时管理宗教事务与裁决争讼，战时则为全体成年男子的统帅。长老会由各氏族的长老组成，有广泛的权力。民众会由成年男子即全体参战战士组成，原则上拥有全部落的最高权力。但事实上，由于贫富差距日益悬殊，军事首领和氏族长老的权力越来越大，由普通成员组成的民众会也逐渐失去了原先的作用，重大问题多由贵族事先决定，民众会表决成为形式。虽然如此，我们还是可以从古希腊的部落管理体制上看到"议会制"的某些端倪。

在古希腊涌现了一批对管理有着许多精辟见解的思想家，苏格拉底、色诺芬、柏拉图和亚里士多德就是其中出色的代表。无论从哪个层面来讲，这些人的思想都对后人有着巨大的影响。

（4）古罗马的管理思想

古罗马最初是古意大利北部的一个奴隶制城邦，公元前3世纪，古罗马逐渐强大起来。在征服了希腊后，经过连年征战和吞并，古罗马逐渐成为一个庞大的帝国。在管理这个国家的过程中，古罗马人显示了高超的管理方法和技能。

古罗马的管理思想概括起来主要有以下几个。

① 古罗马有现代企业的某些性质。古罗马人发展了一种类似工厂的体制，并且用建立"公路"体系的办法以保障军事调动和商品分配。

② 在古罗马帝国的建立过程中，古罗马人具有了集权、分权到再集权的实践经验。在这个过程的不同阶段，古罗马人建立了相应的管理机构和政治体制。

③ 古罗马人在长期军事生涯中培养了遵守纪律的品格，同时又具备了以分工和权力层次为基础的管理职能设计能力。正因如此，古罗马帝国才能在它所处的历史时期势不可当，所向披靡。

④ 奴隶主思想家贾图、瓦罗等对管理人员选择标准的论述，丰富了古代的经济管理思想。

（5）工业革命时期西方的管理思想

18 世纪 60 年代开始的工业革命，是从以手工技术为基础的资本主义工场手工业过渡到采用机器的资本主义工厂制度的过程。工业革命的出现，促使西方社会在工业技术和社会关系方面均发生了巨大的变化，它大大加速了资本主义生产的发展。在这一时期，手工业受到机器大生产的排挤，社会的基本组织形式迅速从以家庭为单位转向以工厂为单位。出现这种以工厂为单位的社会生产组织形式，必然会产生许多新的管理问题，如协作劳动的组织和配合问题，在机器生产条件下人与人、人与机器的协调问题，以及所有者、管理者与劳动者的关系问题等，这使得传统的管理方式和手段遇到了前所未有的挑战，许多新的管理问题需要人们去思考与解决。在这种情况下，管理理论得到了相应的发展，不少对之后管理理论的建立和发展都具有深远影响的管理思想出现了。

① 亚当·斯密的管理思想

亚当·斯密（1723—1790）是英国古典经济学家，他在 1776 年出版的《国民财富的性质和原因的研究》一书中，系统阐述了资产阶级古典政治经济学原理，为资本主义经济的发展奠定了理论基础。

亚当·斯密对管理理论发展的第一个贡献是他的分工理论。他以制针为例说明了劳动分工的好处。他的劳动分工的观念，不仅符合当时工业革命发展的需要，而且也成为管理理论中的一个最基本的原理。亚当·斯密的另外一个贡献是他的

"经济人"观点，即经济现象是具有利己主义的人们的活动所产生的。亚当·斯密认为，人们在经济行为中，追求的完全是私人利益。斯密的"经济人"观点是当时资本主义生产关系的反映，它对后来的管理实践与理论，都产生了极为重要的影响。

② 罗伯特·欧文的管理思想

罗伯特·欧文（1771—1858）是 19 世纪英国著名的空想社会主义者，他最早注意到了企业内部人力资源的重要性。他曾在自己的纺织工厂中进行过一系列的改革试验，实验内容主要包括改进工人的劳动条件、缩短工作日、提高工资、提供免费的工作餐、改善工人的住宿条件等。他通过改革不仅改善了工人的生活条件，而且也使工厂所有者获得了丰厚的利润。因此，他认为重视人的因素和尊重人的地位可以使工厂获得更多的收益。由于欧文率先在人事管理方面做了许多试验和探索，他也因此被后人称为"人事管理之父"。

③ 查尔斯·巴贝奇的管理思想

查尔斯·巴贝奇（1792—1871）是英国剑桥大学的教授，著名的数学家和机械学家。早在泰勒提出"科学管理"之前，巴贝奇就将科学的研究方法应用于管理实践之中。在 1832 年发表的《机器与制造业经济学》一书中，巴贝奇对专业分工与机器、工具的使用、均衡生产、成本研究等都进行了专门的论述。此外，巴贝奇也非常重视管理中人的作用，他认为，消除工人与工厂主之间的隔阂，有助于实现双方共同的利益。

除了以上三人之外，詹姆斯·瓦特、安德鲁·尤尔以及威廉·杰文斯等人也为这一时期管理思想的发展做出了积极的贡献。这一阶段管理思想的不断积累，为后来系统管理科学理论的诞生奠定了基础。

（二）古典管理理论

古典管理理论的形成时间是 19 世纪末 20 世纪初，主要包括科学管理理论和古典组织管理理论两大部分。科学管理理论是由美国的管理学家弗雷德里克·泰勒首先提出的，并在泰勒及其追随者的共同努力下所形成的一个完整的理论体系。而古典组织管理理论则由法国管理学家亨利·法约尔的组织管理理论和德国管理学家马克斯·韦伯的行政组织理论所组成。下面就这三种有代表性的管理理论分别进行介绍。

1．泰勒的科学管理理论

（1）泰勒及其对科学管理的贡献

弗雷德里克·温斯罗·泰勒（1856—1915），美国费城人，出生于一个富裕的律师家庭。泰勒小时候就很喜欢科学研究和试验，对任何事情都想找到"一种最好的解决方法"。泰勒18岁时进入费城一家小机械厂做工，4年后进入米德维尔钢铁厂当技工，由于工作出色，很快被提升为工长、总技师。泰勒一生做过大量的科学试验，在试验的基础上，他提出了众多有关提高生产效率的原则和方法，这为他以后创建科学管理理论奠定了基础。1901年以后，泰勒开始免费从事管理咨询工作，不断通过咨询、演讲和撰写文章等方式，推广他的科学管理理论和方法。

泰勒一生工作勤奋，提高生产效率是他毕生追求的目标。他喜欢把工作看成享乐，而且认为工作比享乐更有意义。泰勒的著作较多，主要有《工厂管理》《计件工资》和《科学管理原理》等。其中《科学管理原理》一书被人们视为管理理论发展道路上的里程碑。1906年，泰勒担任了声誉很高的美国机械师协会的主席，9年后病逝，终年59岁。他的墓碑上刻着"科学管理之父：弗雷德里克·温斯罗·泰勒"，人们以此来纪念他对科学管理理论的巨大贡献。

泰勒的科学管理理论对管理界的影响是广泛而又深远的，不愧为管理学发展史上的一座丰碑。科学管理促进了当时工厂管理的普遍改革，使得科学管理方法逐步取代了单凭经验的传统工作方法，大大提高了管理的科学性和有效性。在不断探索的基础上，泰勒的科学管理思想形成了一整套切实可行的管理制度，这对于当时美国企业的发展具有重要的意义。

（2）科学管理的内容

泰勒所倡导的以科学为依据的管理，其内容主要如下。

① 提高劳动生产效率是科学管理的中心问题

泰勒认为，当时劳资矛盾的根本原因是效率低下，工人和工厂主对工人一天干多少活心中无数，而提高劳动生产效率的潜力是很大的。正是基于这一认识，泰勒的科学管理研究都是围绕着如何提高劳动生产效率而展开的，并且主要集中在定额研究以及工人与劳动手段的匹配上。

② 企业需要科学地挑选工人并制定培训工人的科学方法

泰勒认为，为了提高劳动生产效率，必须挑选"第一流"的工人，即找出最适合干这项工作的人。同时还要通过培训和教育来最大限度地挖掘其工作的潜力，这样就可能达到最高的生产效率。

③ 动时研究与工作标准化可以提高生产效率

动时研究是泰勒科学管理的基础。管理者通过对工人操作的基本动作要素进行科学的分解、取消或合并，以实现简化工人劳动过程，提高生产效率的目的。此外，泰勒还建立了各种明确的规定、条例、标准，促使工人作业工具的标准化、作业环境的标准化以及每日工作量的标准化。

④ 激励性的报酬制度有助于刺激工人努力工作

泰勒认为，原有的工资制度存在很大的缺陷，不能满足效率最高的原则。他在 1895 年提出了一种具有很大刺激性的报酬制度——差别工资制。基本做法是按照工作定额，确定两种不同的工资率，如果工人达到或超过定额，以较高的工资率计件支付工资。对完不成定额的工人，则将全部的工作量按照较低的工资率支付，并给予警告，如不改进，就要被解雇。实行差别工资制度，有效地克服了工人"磨洋工"的现象，使工人在竞争中自发地加强劳动强度，提高劳动生产率。

⑤ 实行职能工长制度加强对工人的指导和监督

泰勒在工厂的基层管理层设立了 8 种职能工长，如以生产工长、质量工长等来代替原来的一个工长，每个工长只承担一种管理职能。这些工长的任务是负责把科学的工作方法教给工人，保证工人按科学的方法从事工作，更重要的是监督和敦促工人工作，防止工人偷懒。

⑥ 在管理上实行例外原则，解放高层管理者

按照泰勒的例外管理原则，企业的高级管理者应该将一般事务的处理权授权

给下级管理者，而自己保留对例外事项（即重要事项）的决策权和控制权。例外原则可以使高层管理者从日常的管理事务中解脱出来，专心处理重大问题。

（3）泰勒的科学管理理论的局限性

泰勒的科学管理是管理学历史上的一座丰碑，时至今日，其管理思想仍在发挥着巨大的作用，可以说，现代管理学派是科学管理思想的必然延伸。但同时我们也应该认识到，与历史上的所有事物一样，泰勒的科学管理理论也存在着一定的局限性。其局限性主要表现在以下几个方面。

① 泰勒的科学管理理论主要侧重于对生产作业的管理，因此它的研究范围比较小，内容也比较少。对于现代企业的经营战略、市场营销以及财务管理都没有涉及，这显然是该理论的一大缺陷。

② 泰勒过分强调职能管理的作用，忽视直线部门的功能，这使得部门之间的关系难以协调，进而影响企业总目标的实现。

③ 泰勒将计划与执行的职能分开，把工人仅仅看作是接受监督人员命令的工具。这种忽视计划和执行两者的统一性的管理方法是该理论的严重缺陷之一。

④ 泰勒的"经济人"观点假设将追求经济利益看成工人工作的唯一动机，这种假设显然是片面的。哈佛大学教授埃尔顿·梅奥后来的研究证实了工人的需求是多方面的，仅仅采取经济利益上的刺激并不能对工人产生良好的激励作用。

（4）泰勒的追随者对科学管理理论的贡献

科学管理理论体系的建立并非泰勒一个人完成的，事实上泰勒的忠实追随者，如卡尔·乔治·巴思、亨利·劳伦斯·甘特、吉尔布雷斯夫妇（弗兰克·吉尔布雷斯和莉莲·吉尔布雷斯）、哈林顿·埃莫森等人都对此做出了巨大的贡献。他们为科学管理内容的丰富、科学管理原理的传播付出了很多。提起泰勒的科学管理理论，我们不能忘记上述管理学家的工作。下面重点介绍一下亨利·劳伦斯·甘特和吉尔布雷斯夫妇。

亨利·劳伦斯·甘特（1861—1919），科学管理的先驱者之一，出生于美国马里兰州一个富裕的农场主家庭。在 26 岁的时候，甘特作为工程部的助理工程师开始与泰勒在米德维尔钢铁厂一起工作。他既是泰勒的合作者，也是泰勒的追随者，甘特对科学管理理论的主要贡献集中在计划和管理技术方面。他发明了一种生产计划进度表，被称为"甘特图"。甘特图也叫生产计划进度图或线条图，它通过生产日期和产量图示来控制计划和生产的进度。甘特用图表来帮助管理者制定计划、探索控制的方法，这无疑是当时管理思想上的一场革命。此外，甘特的另一贡献是提出了"计件奖励工资制"，即除了按日支付工人有保证的工资外，对超额完成的部分另给奖金；完不成定额的，也可获得原定的日工资。相对于泰勒的"差别工资制"，甘特的这种制度使工人感到收入有了保障，劳动积极性也因此提高。

吉尔布雷斯夫妇是科学管理运动的创始人之一，他们在动作研究和工作简化方面做出了杰出的贡献，并闻名于世。为了提高效率，吉尔布雷斯夫妇把工人操作时手的动作分解成17个基本动作，他们称之为"动作的基本要素"。通过对动作的分解，吉尔布雷斯夫妇剔除了不必要的动作，并由此形成新的工作方法。吉尔布雷斯夫妇不仅在动作研究、疲劳研究和制度管理方面取得了出色的成就，而且他们对企业中人的因素的重视与研究也为后来的行为科学的兴起产生了重要的影响。

2. 法约尔的组织管理理论

亨利·法约尔（1841—1925）出生于法国的一个资产阶级家庭，他是欧洲历史上最杰出的管理思想家之一。1860年，法约尔以优异的成绩毕业于圣艾蒂安国立高等矿业学校，并以采矿工程师的身份进入科芒特里-富香博公司。此后法约尔一直都在为该公司工作，直到他77岁时退休。法约尔在科芒特里做了26年的工程师，47岁时他被任命为总经理，其卓越的管理才能才得以显现。

法约尔在组织管理方面做出了许多开创性的工作。他侧重于从中高层管理者的角度去剖析具有一般性的管理，1916年出版的《工业管理与一般管理》一书集中体现了他的管理思想。

法约尔把企业的全部经营活动划分为六大类（见图1-4）。

在法约尔的管理实践中，他强调了管理活动的独立性和重要性，这对管理理论的发展和管理实践的繁荣起到了重要的促进作用。法约尔认为，经营和管理是两个不同的概念，管理活动在企业经营活动的六个方面中居于核心地位。法约尔指出，管理活动包括计划、组织、指挥、协调和控制五种职能，其中计划是管理活动的首要职能。法约尔第一次对管理活动的一般职能做了明确的分工，从而使其形成了一个完整的管理过程。他也因此被称为管理过程学派的创始人。

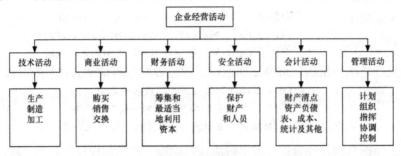

图 1-4　法约尔的企业经营活动示意图

法约尔在他的著作《工业管理与一般管理》一书中首次提出了管理的十四个原则。这十四个原则是法约尔一生管理实践的结晶，其在管理学界产生过巨大的影响。法约尔的十四个管理原则具体如下。

（1）劳动分工

法约尔认为，劳动专业化必然导致分工，分工是组织运转和发展的前提。管理者通过在技术工作和管理工作中进行专业化分工，可以提高工作效率。

（2）权力与责任

法约尔认为，管理者在行使权力的同时，必须承担相应的责任。不能出现有权无责或有责无权的情况。法约尔认为，权力可以分为管理者的职位权力和个人权力，管理者应将这两种权力互为补充，并使权力与责任对等。

（3）统一指挥

法约尔认为，组织中的任何一位员工只服从一个上级并接受他的指挥。

（4）统一领导

法约尔强调为达成同一目标而从事的组织活动只能在一个管理者和一个计划下进行。

（5）个人利益服从整体利益

法约尔强调任何个人利益都不能置于组织整体利益之上。

（6）集权与分权

法约尔认为，集权与分权本身并没有好坏之分，合适的集权与分权比例将决定管理的效果。集权与分权的程度应该由组织的性质、条件、所处的环境以及人员的素质来决定。

（7）等级链与"法约尔跳板"

等级链是组织机构从最高层到最底层管理者的等级系列。它是自上而下和自下而上确保信息传递的必经途径。为了保证命令的统一，下级的请示要逐级汇报，上级的指令也要逐层下达。但是在实践中，组织往往由于规模的扩大、管理层次的增加而使信息的传递延误。为了解决这一问题，法约尔设计了一种"跳板"，即同级之间在一定条件下可以通过协商解决问题，只有在双方不能达成协议时才由高一层级的管理者做出决定。

（8）秩序

法约尔认为，秩序是一种对应关系，即一个职务需要一个合格的人员，一个人员也需要一个合适的职务。有地方放置每一件东西，而每件东西都放在该放置的地方。

（9）公平

法约尔认为，公平包括人与人之间的"亲切、友好和公正"，在对待下属上，管理者必须做到"善意与公道结合"。

（10）人员稳定

法约尔认为，人员尤其是管理者的经常变动，对企业不利。因此，保持人员稳定是管理部门的工作内容之一。

（11）首创精神

法约尔认为，不断创造和更新是组织前进的动力，领导者不仅本人要有创新精神，还要激发下属的创新精神。

（12）人员的团结

法约尔强调，组织要有凝聚力，在组织内部要形成团结、和谐和合作的气氛。

（13）报酬合理

法约尔认为，公平的报酬、恰当的奖励薪酬制度是管理的基本准则。

（14）纪律

法约尔认为，全体员工必须服从和遵守组织运作中的各种规则。

除了提出著名的管理的十四个原则之外，法约尔还认为管理能力可以通过教育获得。他大力提倡在高校中讲授管理学，这也体现了他将管理学视为一门科学的思想。

法约尔关于管理的职能、管理的原则以及组织管理方面的研究，弥补了泰勒科学管理思想过于强调生产效率的不足，体现了他对现代管理问题的非凡见解。

3. 韦伯的行政组织理论

马克斯·韦伯（1864—1920），德国人，出生于爱尔福特的一个富裕家庭。韦伯于 1882 年进入海德堡大学学习法律，之后又就读于柏林大学和哥丁根大学。他曾于 1883 年至 1888 年间参加过四次军事训练，因而对德国的军事生活和组织制度有相当深入的了解，这对他日后建立行政组织理论有很大的影响。韦伯曾经从事过教师、政府顾问、编辑、作家等多种职业，他对社会学、经济学、历史、宗教等许多问题都有自己的观点和独到的见解。

韦伯对管理理论的主要贡献是提出了"理想的"行政组织体系理论（见图 1-5）。所谓"理想的"行政组织体系理论，原意是通过职务和职位，而不是通过个人或世袭地位来从事管理工作。至于"理想的"不是指最合乎需要，而是指现代社会最有效和合理的组织形式。

图 1-5　"理想的"行政组织体系

韦伯的"理想的"行政组织体系理论主要有以下要点。

（1）任何组织机构都应该有确定的目标，人员的一切活动，都必须遵守一定的程序，其目的是实现组织目标。

（2）为了实现组织的目标，必须实行劳动分工。

（3）按照等级制度对各种公职或职位进行法定安排，形成一个自上而下的指挥链或等级体系。

（4）人员实行委任制。除个别需要通过选举产生的公职外，所有的管理者都是任命的。

（5）人员的任用要完全根据职务的要求，通过正式的考试来选拔员工。

（6）管理者是"职业的"管理者，有固定的薪金和明文规定的升迁制度。

（7）管理者的行为靠规则和纪律来约束，组织中的人员关系完全以理性的原则为指导。

韦伯认为，理想的行政组织体系最符合理性的原则，其在精确性、稳定性、纪律性和可靠性方面优于其他组织形式。所以，行政集权组织理论能够适用于各种管理工作和各种大型组织，如教会、军队、政党及其他团体等。韦伯的许多关于经济组织和社会组织方面的独特思想，对后来组织理论的研究和发展产生了重要的影响。

4. 古典管理理论的系统化

人们在研究古典管理理论学派各种管理思想的时候，发现它们有许多相同和相似之处。以厄威克和古克利为代表的学者对古典管理理论进行了较为全面的总结，并且在总结过程中也加进了自己的管理思想，创造了一些新的体系。

（1）厄威克和古克利对古典管理理论系统化的贡献

厄威克（1891—1983），英国人，著名的管理史学家、教育家，是公认的管理学方面的权威学者。他于1933年发表的《明日的管理》中首先提出了"组织的纯理论"这一概念。在1938年发表的《组织的科学原则》一书中，又将这一概念概括为可以应用于所有组织的八个原则。这八个原则具体如下。

第一，目标原则。所有的组织都应该规定明确的目标；第二，责权相符原则。权力和责任必须相符，拥有一定的权力必须承担相应的责任；第三，职责原则。上级对直接下级工作的责任是绝对的；第四，组织层级原则。组织从高层到基层可划分为若干层级；第五，管理幅度原则。一个管理者的直接下属不应超过6人；

第六，专业化原则。即要求组织中每一个人均应尽可能地行使单一的职能；第七，协调原则。即在工作中使下属发生横向联系，在一个共同首长的名义下行事；第八，职务明确原则。对于每一项职务都要有明确的规定。

除了提出上述管理原则外，厄威克还对组织设计问题有深入研究。当然，厄威克的最大贡献还是在于他对古典的管理理论进行了综合。他把泰勒的科学管理和科学分析方法作为指导一切管理的基本原则，将法约尔的十四个管理原则放在管理职能之下，并将法约尔提出的计划、组织和控制三个管理要素作为管理过程的三个主要职能。厄威克的管理著作很多，代表作是《管理备要》《管理的要素》和《行政管理原理》。

古克利（1892—1993），美国管理学家。古克利把关于管理职能的理论系统化，提出了著名的"管理七职能论"，正是通过对这七种职能的分析，古克利实现了对古典管理理论的系统化。

古克利提出的管理七种职能包括：计划、组织、人事、指挥、协调、报告和预算。他的七职能论代表了古典管理理论的职能理论研究的范畴。此外，古克利还根据古典的管理理论提出了十个管理原则。

（2）古典管理理论的基本原则

通过厄威克和古克利对古典管理原则所进行的归纳，我们可以看出，古典管理理论在管理原则上的一些基本观点。

① 劳动分工与工作部门化原则

古典管理理论认为，分工是组织运转和发展的前提，无论是泰勒及其追随者还是法约尔等人，都强调劳动分工和工作部门化在管理实践中的重要作用。

② 职权相符原则

管理者在行使权力的同时，必须承担相应的责任，不能出现有权无责或有责无权的情况。在各级管理者中，责任和权力必须是相称和明确的。

③ 统一指挥与领导原则

组织中的任何一位员工只服从一个上级并接受他的指挥，为达到同一目标而从事的组织活动只能在一个管理者和一个计划下进行。

④ 为组织机构配备合适的人员

根据管理活动需要确定相应的组织机构，再采取措施为组织机构配备合适的人员。

⑤ 授权原则

授权不但可以使管理者从日常事务中解脱出来，而且还有助于调动下属的工作积极性，增强其工作责任感。因此，授权是高层管理者进行有效工作的最重要条件。

⑥ 管理幅度原则

管理幅度容易受到工作性质、管理者自身能力、下属的成熟程度等诸多因素的影响，因此，一个管理者直属的下级人员数量是有一定限度的。古典管理理论认为，每一个上级管理者所管辖的相互之间有工作联系的下属不应超过 6 人。

⑦ 参谋人员的使用原则

参谋人员的存在对于许多组织来说是必要的，他们可以弥补直线人员在管理上对专业技能知识的不足。但是，参谋人员的存在往往会增加管理的复杂性，如容易出现直线人员与参谋人员的矛盾问题等。这就要求企业正确处理直线人员与参谋人员的关系，充分发挥参谋人员的合理作用。

（三）人际关系学说与行为科学理论

行为科学是研究人的行为的一门综合学科，它研究的对象是人的行为产生的原因和影响行为的因素。行为科学产生于 20 世纪二三十年代，于 1949 年在美国芝加哥大学召开的一次跨学科的科学会议上被正式命名。

行为科学是由人际关系学说发展而来的，内容涉及心理学、社会学、社会人类学等多门学科，其中现代管理心理学和组织行为学是行为科学的主要组成部分。

1. 人际关系学说

人际关系学说是建立在霍桑试验的基础之上的，因此，在讲述人际关系学说之前，有必要对霍桑试验做一下简单的介绍。

（1）霍桑试验

　　霍桑试验开始于 1924 年，历时 8 年，直到 1932 年才结束。试验是在美国芝加哥郊外的西方电器公司的霍桑工厂进行的。之所以选择在该工厂进行试验，是因为当时在该厂出现了许多令人困惑的现象：这个工厂拥有比较完善的娱乐设施、医疗制度和养老金制度，良好的工作环境和物质条件，工人本应士气高昂，但事实上工人仍然愤愤不平，生产效率也很不理想。为探明原因，1924 年美国科学院组织了一个包括各方面专家在内的研究小组，对该厂的工作条件和生产效率的关系进行了全面的考察和多种实验。

　　霍桑试验主要采取"控制组"和"实验组"对比的方法，是一项以科学管理的逻辑为基础的试验。霍桑试验前后共进行了两个阶段，四个具体实验。其中第一个阶段是从 1924 年 11 月至 1927 年 5 月，在美国科学委员会赞助下进行的。第二个阶段是从 1927 年至 1932 年，在哈佛大学教授爱尔顿·梅奥的主持下进行的。

　　霍桑试验的第一个阶段是"照明试验"，其目的是弄清楚照明强度对生产效率所产生的影响。试验挑选了 12 名绕线女工，并将其分成两个组，每组 6 人，分别在两个房间里工作。其中一组叫作"控制组"，其照明条件始终保持不变；另一组为"实验组"，照明条件可以变化。两个组的工作性质是一样的，都是一些高度重复而又单调的工作。开始时，两个组的照明条件一样，在实验过程中，实验组不断被降低照明强度，并一直减弱到近似月光的程度。两个组的工作条件的差距产生了，但试验结果却表明，两个组的产量均大大增加了，而且增加量几乎相同。这说明照明情况与生产效率之间并不存在着正相关的关系。后来试验者们又尝试通过改变工资报酬、工间休息、每日工作长度、每周工作天数等因素来研究它们对生产效率的影响。但根据实验结果也看不出这些因素与生产效率的直接关系。至此，试验似乎是失败了，许多人都想退出试验。

　　霍桑试验的转机发生在 1927 年哈佛大学教授爱尔顿·梅奥应邀主持之后，在他的领导下，霍桑试验进入了第二个阶段。

　　梅奥等人首先挑选了一些继电器装配工人，让他们脱离工头而独立工作，进一步试验改变工资支付方式和改善工作条件对生产效率的影响。在试验过程中，产量一直保持上升趋势。后来梅奥等人突然取消试验措施，为工人提供试验前的工作条件，他们以为这种剧烈的改变会给工人带来一种极大的消极心理影响进而使其产量降低，结果却并非如此，事实上产量不仅没有下降反而继续提高。梅奥等人经过进一步深入研究发现，产量提高源于工人积极性的提高。这是因为工人由原来的工头监督改为由研究人员领导，他们受到了研究人员的重视和各方面的广泛注意，研究人员和工人之间形成了一种融洽的人际关系，使实验组成员的精神方面产生了巨大的变化。这说明，在调动员工积极性方面，人际关系比经济刺激更为有效。

在此之后，梅奥等人又相继进行了大规模访谈计划——"访谈试验"和继电器线组的工作组试验——"群体实验"。这些试验进一步表明了人与人之间社会关系的重要性，同时也证实了企业中"非正式组织"的存在。这些试验结果为人际关系学说的产生奠定了坚实的基础。

（2）人际关系学说

在霍桑试验后，梅奥等人对试验结果进行了总结，并陆续出版了《工业文明的人类问题》《工业文明的社会问题》《管理和士气》等管理学著作，形成了人际关系学说，其主要观点如下。

① 员工是"社会人"，而非"经济人"

科学管理理论认为人是"经济人"，刺激员工积极性的唯一动力是金钱。但是，霍桑试验则证明人是"社会人"，影响人的劳动积极性的因素除了物质利益之外，还有社会心理方面的诸多因素。员工并不单纯追求经济收入，他们还有社会方面和心理方面的需要，即追求人与人之间的友情、安全感、受人尊重和归属感的需要。因此，管理者必须从社会和心理方面尽力满足人的需要，才有可能提高生产效率。

② 企业中存在着"非正式组织"

"非正式组织"是指人们在组织内共同工作的过程中，由于情感交流需要和兴趣爱好相投等而形成的一种非正式团体。这种组织在企业的组织结构图中是找不到的，但是却是实实在在存在的。非正式组织不仅能有效地保护组织成员免受因组织内部成员的疏忽所造成的损失，如产量的过多和过少，而且还能有效地保护组织成员免受因外部管理者的干涉所造成的损失，如降低工资或提高产量标准等。梅奥等人认为，非正式组织与正式组织相互依存，它可以通过影响工人的工作态度来影响企业的生产效率和目标的达成。管理者应正视非正式组织的存在，并采取恰当的措施引导非正式组织为正式组织的活动和目标服务。

③ 新型的领导能力在于提高员工的满意程度

梅奥等人从"社会人"和"非正式组织"的观点出发，认为企业的管理者不能采取把员工当成机器的附属品的管理方式，而应该了解他们的真实意愿，进而提高他们的工作积极性。人际关系学说认为，生产效率的高低主要取决于员工的士气高低，而员工的士气则取决于他们的各种需求的满足程度。因此，新型的管理者应该认真分析员工的需求，通过各种有效的策略来尽量满足员工的这些需求，以便充分激励员工进而达到提高劳动生产率的目的。

人际关系学说运用多学科的理论真正开始了对"人的行为"的研究，它开创了管理理论的又一个崭新的领域，为行为科学理论的发展奠定了基础。

2. 行为科学理论

20 世纪 40 年代以后，随着人际关系学说的产生，行为科学理论逐渐兴起。这一理论学派众多，各个学派的侧重点主要集中在以下三个领域：对个体行为的研究、对群体行为的研究和对组织行为的研究。

（1）对个体行为的研究

研究人的基本行为规律是行为科学理论的基础，因为人是组成组织的最基本的单位，也是组织活动的具体制定者和执行者。对个体行为的研究主要关注人的需要、动机和激励等要素。众多管理学家通过对个体行为的研究，取得了一系列具有代表性的研究成果。这其中以马斯洛的需求层次理论和赫茨伯格的双因素理论最为著名。

（2）对群体行为的研究

群体行为理论的代表人物是美籍德国心理学家库尔特·卢因，他曾任德国柏林大学的教授，卢因先后在美国艾奥瓦大学、麻省理工学院和密执安大学从事群体行为理论的研究。卢因首次应用"群体力学"一词对团体中人与人的相互关系和影响所形成的结构进行了描述。他是在社会心理学方面对群体的研究带来革命性变化的人。卢因的群体动力学思想主要体现在以下几个方面。

① 群体不是静止不动的，而是处于一种相互作用、相互适应的"相对静止"的环境中。群体行为正是受到这种错综复杂、相互影响的力的影响而产生的。

② 非正式组织（群体）与正式组织一样，都由活动、相互影响和情绪这三个要素组成。这些活动密切相关，它们相互影响、相互作用并且共同地接受投入和共同地对外提供产出。

③ 群体的目标、内聚力、规范、结构和规模等因素不仅对正式组织是必需的，而且对非正式组织也是不可忽视的。

④ 领导方式有专制、民主和自由放任三种，其中民主的领导方式是最有效的群体领导方式。

⑤ 群体中存在着群体压力，这种压力的存在容易使群体成员产生从众心理。

（3）对组织行为的研究

组织行为是行为科学所研究的最高层次的行为，其核心问题是如何领导。西方管理学家对于组织行为有着比较深入的研究，这其中最有代表性的理论是美国行为科学家亨利的"领导品质"理论、坦南鲍姆和施密特的"连续统一体"理论、加拿大学者明茨伯格的"经理角色"理论以及美国管理学家威廉·大内的"Z"理论。

二、管理发展的新趋势

由于科学技术的巨大进步，尤其是信息技术的迅猛发展以及受全球经济一体化的深刻影响，自20世纪80年代以来，管理活动已发生了重大的变化。这些变化主要体现在以下六个方面。

（一）从管理科学到管理艺术

管理科学的观点促进了管理理论实践的发展。人们以科学的眼光去看待它、研究它，寻找管理理论的内涵，透过管理活动的表象，透过管理活动中各种因素之间错综复杂的关系，揭示管理活动的一般原则和规律。不论是决策理论、盈亏平衡分析、关键路径等运筹学方法的应用，还是系统论、控制论、信息论的引入，或是耗散结构理论、协同理论、突变理论在管理研究中的运用，无不反映着管理科学的发展。然而，不管管理科学如何发展，甚至它好像将管理的原则、过程、方法毫无遮掩地展现在人们的眼前，在复杂多变的环境面前，管理科学理论仍旧留有大量的空白。成功的管理实践活动，还需要管理者依据管理的基本原理去创造和发挥。因此，管理活动还是一种在适当的时间对适当的对象运用适当的方法和原则的艺术。将管理科学理论与管理实践艺术有效结合，越来越成为时代潮流。人们抱着浓厚的兴趣在这些管理大师的自传中去寻找管理艺术的真谛。

（二）从硬管理到软管理

19 世纪末 20 世纪初，管理科学化就起源于企业规模的扩大和活动内容的复杂、参与要素的增加。仅靠传统的经验再也无法管理好复杂的企业活动，于是，人们开始认识到，必须在总结管理经验的基础上，提炼科学的原则和方法，必须制订严密的生产经营计划，设计合理的组织机构与结构，建立严格的符合组织活动要求的规章和制度。在很长一段时间内，经营成功的组织都是计划严密、结构合理、规章细致的组织。管理方法特别是数量方法的发展，也促进了人们对计划、组织、规章等（被人们称为"硬件"）的重视。

自 21 世纪以来，在管理环境日益复杂化的今天，特别是伴随着知识经济时代的到来，组织中人的因素越来越突出，管理活动越来越需要从控制和规范参与者行为层面，深入到其精神层面。因此，仅有管理的"硬件"已经不够了，这种重视创新的趋势，可以从管理学者的著作中窥见一斑。继《Z 理论》《企业文化》《日本管理艺术》《追求卓越》等畅销之后，倡导创新的《企业革命》《创新经营》《乱中求胜》《志在成功》等再度成为热门书籍。越来越多的人认识到，在新的形势、环境中，日本企业成功的奥秘在于"软件"的优越：领导方式灵活、对人的重视、集体决策等，日本企业通过"软管理"帮助那些结构、制度、计划与竞争者相差无几的企业取得了更好的经营效果。于是，"软管理"方式渐渐得到管理者的推崇。

（三）从"手段人"到"目的人"

西方管理理论中对人的态度经历了三个阶段、两次转变。在 20 世纪 20 年代以前，不论是企业主的经验管理，还是泰勒倡导的科学管理，都是把人当作类似于机器的要素来看待的，都认为人的需求主要是物质和经济方面，即人是经济人、理性人，驱使其去工作的动机是经济方面的需求，人在工作过程中是具有理性的，善于计算。20 世纪 20 年代，梅奥、马斯洛、赫茨伯格等进行的行为科学研究表明：人不仅有物质方面的需求，还有社交、归属、自我实现等社会心理方面的需要。这是管理理论中对人的认识的第一次转变，即从"物质人""经济人"到"心理人""社会人"的转变。

不论是科学管理原理，还是行为科学理论，它们都是研究人的目的，都是为了提高人的工作效率，以更加有效地完成组织任务。因此，这些理论在实践中很容易引导管理者将人仅看作组织管理的一种资源，看作实现目标的一种手段。这种"手段人"的看法在 21 世纪受到越来越多的冲击。随着社会经济文化的发展，越来越多的劳动者把工作看成自己实现个人社会价值的重要手段，在工作中寻找人生的意义。这些冲击促使组织不得不更加重视对人的管理，不得不重视"工作生活质量"的改善，不得不重视员工个人职业生涯的发展，不得不把员工当作"目的"来看待。今天，以人为本的管理理念普遍为人们所接受，组织管理目标越来越多地从追求效益最大化，转向对人的全面发展的思考。

（四）从强调个人竞争到重视团队协作

整个西方文化是以个人主义为核心的。美国人始终追求的理想和目标是"个人自由"原则的全面贯彻和个性的全面发展。在这种文化的熏陶下，传统的西方企业，特别是美国企业在对人的管理中必须以"个人"为中心，尊重个人价值，鼓励个人间的竞争，强调个人的成功。这种以"个人"为激励对象的管理方式虽然可以在一定程度上刺激个人的工作热情，但在根本上与现代工业生产协作的要求是相悖的：现代工业生产分工精细，任何产品的制造都要经过许多环节，经由许多人的努力才能完成。没有劳动协作，任何产品的制造、任何科研项目的完成，都是难以想象的。

然而，以"个人"为刺激对象的管理和激励机制有可能引起群体内部个人之间过度的竞争，有可能使部门间及个人间的协作精神消失殆尽，因为在这种机制下，其他部门和人员成功就意味着自己的失败。这样部门、个人之间相互保密、封锁、不合作的态度就是必然的后果了。20 世纪 70 年代以来，伴随着日本的成功和现代组织复杂程度的增加，许多西方企业开始检讨自己在管理上的失误。许多美国学者发现：日本企业员工大多具有强烈的"企业家族主义"的集体精神和协作意识，在日本企业里，个人的成功首先归功的不是自己的个人努力，而是团体协助的结果。认识到协作精神的重要性，许多美国企业试图模仿日本企业转向团队的奖励制度，注重培养合作精神。

（五）从集权到分权

以职能分工为基础，以统一指挥为核心原则，以集权倾向为主要特征的职责分明、结构严谨的等级制度曾经是现在仍然是许多西方企业的主要形式。这种组织的基本运行规则是上层决策、中层传达、基层执行。然而，随着技术进步速度的加快，随着环境日趋复杂，随着信息手段的广泛应用，复杂多变的外部环境要求组织管理的内容和方针要灵活多变，能迅速适应。

（六）从外延式管理到内涵式管理

外延式管理是希望通过联合与兼并来扩大经营规模，提高市场占有率；内涵式管理则力求通过充分利用内部条件、加强企业创新、提高内部生产能力来增强企业竞争力。

20 世纪 60 年代，欧美企业外延式管理盛行，人们经常可以在传播媒介上看到有关企业兼并或收购的报道。受"规模效益"的诱惑，许多企业的老板处心积虑地分析收购对象的市场状况和财务能力，设法通过公开或暗地收购其股票的方式达到吞并的目的，以扩大业务范围，获取规模效益。但规模效益的神话逐渐被打破，因为人们发现，企业经营规模超过某种范围后，带来的不是效益的增加，而是机构的臃肿、决策的迟缓、信息渠道的堵塞、管理的困难，从而导致效益下降。于是，自 20 世纪 70 年代中后期开始，一些企业开始从盲目的外延式管理转向内涵式管理。

第三节　现代管理理论的定义与主要分类

一、现代管理理论的定义

在西方古典管理理论和行为科学理论出现以后，社会生产力和科学技术的迅速发展以及市场竞争环境的改变，促使许多新的管理理论出现。这些理论相互影响、相互作用、相互渗透，形成了盘根错节、竞相繁荣的局面。

二、现代管理理论的分类

（一）社会系统理论

社会系统理论以组织理论为研究的重点，从社会学的角度来研究管理问题。这一理论的创始人是美国管理学家切斯特·巴纳德，其经典著作是 1938 年出版的《经理的职能》。

1．社会系统理论的代表人物

巴纳德（1886—1961），美国人，出生于美国的马萨诸塞州，哈佛大学经济学专业毕业。巴纳德长期在企业中从事管理工作，他于 1909 年进入美国电话电报公司（AT&T）统计部工作，专门研究欧洲的一些国家电话、电报的收费问题，并且他很快就成为这方面的专家。1915 年，巴纳德被提升为公司的商业工程师，1922 年担任该公司所属的宾夕法尼亚贝尔电话公司的副总经理助理，1926 年担任这个公司的总经理。1927 年后，巴纳德长期担任规模庞大的新泽西州贝尔电话公司的总经理。

在巴纳德的职业生涯中，前 10 年他主要担任参谋人员职务，中后期长期担任企业中的领导职务。这种丰富的经历对他以后创立社会系统理论提供了巨大的帮助。

巴纳德认为，组织是由两个或两个以上的人有意识协调活动和效力的系统，要把这个系统作为整体看待，因为其中的每一个组成部分都以一定的方式与其他部分相联系。组织要生存下去，必须要为实现确定的目标而进行协作活动。

2．社会系统理论的主要观点

概括起来，社会系统理论的观点主要有以下几个。

（1）社会系统理论认为，管理者所拥有的职能以及如何行使这些职能是由组织的本质、特性和过程决定的。

（2）社会系统理论把决策而不是作业作为主要的研究对象。社会系统理论着重研究的是组织决策过程，这与科学管理理论的侧重点有着很大的不同。

（3）社会系统理论属于描述性的管理理论。即通过对组织的本质（组织中人的行为）的描述来研究管理学的问题。

（二）经验主义理论

经验主义理论又称案例理论、经理主义理论，这一理论以向西方大企业的经理提供企业的成功经验和科学方法为目标。经验主义理论认为，管理学就是研究管理的经验，通过研究管理中成功和失败的经验，就能了解管理中存在的问题，从而学会进行有效的管理。

1．经验管理理论的主要代表人物

（1）彼得·德鲁克

德鲁克 1809 年出生于奥地利首都维也纳，1931 年获得法学博士学位。1937 年，德鲁克移民到了美国，并且成为美国公民。德鲁克曾经担任美国通用汽车公司、克莱斯勒汽车公司、IBM 公司等大企业及一些外国公司的顾问，并于 1945 年成立德鲁克管理咨询公司。

德鲁克于 1942 年至 1949 年担任本宁顿学院政治和哲学教授，1950 年至 1972 年从教纽约大学研究生院，1972 年后成为纽约大学的高级教授。

德鲁克一生勤奋，著述丰富，是公认的现代高产管理学家。他的主要著作有：《公司的概念》（1946）、《管理的实践》（1954）、《效果管理》（1964）、《有效的管理者》（1966）、《管理——任务、责任、实践》（1974）和《创新与企业家精神》（1980）。德鲁克的管理思想影响了一代又一代追求创新以及最佳管理实践的学者和企业家们，其本人也因此被誉为"现代管理学之父"。

（2）欧内斯特·戴尔

戴尔也是美国管理学家，曾担任美国和一些国际性的大公司的董事和顾问，是欧内斯特·戴尔协会的主席。他的主要著作有《公司组织结构的计划和发展》《伟大的组织》以及《企业管理的理论与实践》等。

2. 经验主义理论的主要观点

以德鲁克为代表的经验主义理论认为，归根结底，管理是一种实践，其本质不在于"知"而在于"行"，其验证不在于逻辑而在于成果，其唯一权威就是成就。因此，他认为管理理论"自实践产生而又以实践为归宿"。经验主义理论主张以经验分析来研究管理学的问题。归纳起来，经验主义理论的主要观点如下。

（1）管理是管理者的技巧，是一个特殊的、独立的活动和知识领域。

（2）提倡实行目标管理。该管理理论把以作业为中心的管理理论和方法同以人为中心的管理理论和方法综合起来，使个人在完成分目标的同时也保证了组织总体目标的完成。

（3）管理的任务在于取得经济成果、满足工作人员对成就感的需要，并能够妥善处理企业对社会的影响以及企业承担对社会的责任问题。

（三）系统管理理论

系统管理理论是运用系统科学的理论、范畴及一般原理，全面分析组织管理活动的理论。其代表人物主要有理查德·约翰逊、弗里蒙特·卡斯特、詹姆斯·格黑尔·米勒和梅·萨洛维奇等。

系统管理理论的主要理论要点：第一，组织是一个由相互联系的若干要素组成的人造系统；第二，组织是一个由环境所影响，并反过来影响环境的开放系统。组织不仅本身是一个系统，同时又是一个社会系统的分系统，它在与环境的相互影响中取得动态的平衡。组织同时要从外界接收能源、信息、物料等各种投入，经过转换，再向外输出产品。

系统管理理论的理论基础是系统科学，他们认为，要进行成功有效的管理，就应该对企业系统的基本问题进行系统的分析，以便找出关键所在。

系统管理理论的研究内容和成果在很大程度上是符合社会化大生产的发展规律的，尤其是在当今新技术革命和产业革命的条件下更具有现实的意义。

（四）决策理论

决策理论是以社会系统理论为基础，吸收了行为科学和系统论的观点，运用现代计算机技术和运筹学的方法而发展起来的管理理论，它是当代西方影响较大的管理理论之一。

决策理论的代表人物是著名的诺贝尔经济学奖获得者、美国管理学家赫伯特·西蒙和美国斯坦福大学的管理学教授詹姆斯·马奇。有关决策理论的经典著作主要有：《管理行为》（西蒙，1945）、《公共管理》（西蒙和史密斯伯格，1950）、《人的模型》（西蒙，1950）、《组织》（西蒙和马奇，1958）、《管理决策的新科学》（西蒙，1960）和《公司行为的一种理论》（马奇和赛尔特，1963）等。

西蒙认为，决策程序就是全部的管理过程，管理就是决策。决策过程从确定的目标开始，然后找出为达到该目标可供选择的各种方案，经过比较做出优选决定。在优选过程中要认真执行控制，以保证既定目标的实现。西蒙等人认为，决策包括一系列的过程，而不是仅仅从一组备选方案中选择一个的过程。决策的过程包括收集情报、拟订计划、选订计划和对方案进行评价这四个阶段。同时，上述四个阶段中的每一个阶段本身也是一个复杂的决策过程。

决策理论提出，以"令人满意的原则"代替传统决策理论的"最优化原则"，这无疑是一种较为切实可行的理论。西蒙等人认为，不论从个人生活经验中，还是从各类组织的决策实践中，寻找可供选择的方案都是有一定限制条件的，因此要找到最佳的方案是不现实的。

（五）管理科学理论

管理科学理论又称数量科学管理理论、数量理论，是对泰勒的科学管理理论的继续和发展。20世纪70年代，随着运筹学的日趋成熟，管理科学理论逐渐成为系统的管理理论，并在工商界得到广泛应用。管理科学理论的代表人物是英国的兰彻斯特和希尔以及美国哈佛大学工商管理学院的教授埃尔伍德·斯潘赛·伯发。管理科学理论的经典著作主要有：《现代生产管理》《生产管理分析》和《运筹学》等。

管理科学理论的特点是利用有关的数学工具，为企业寻找一个有效的数量解，着重用数学模型来解决管理的问题。管理科学理论的管理方法（见图 1-6）。

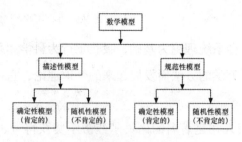

图 1-6 管理科学理论的管理方法

管理科学理论强调用先进的技术成果和科学研究成果对管理学进行研究，这为现代管理决策提供了科学的方法。但是我们同时也应该看到，管理活动非常复杂，许多管理活动都很难量化，因此，完全采用科学管理的定量分析方法去解决所有的管理问题是不可能的，也是不现实的。

（六）权变理论

权变理论产生于 20 世纪 60 年代末 70 年代初，它是在经验主义理论的基础上进一步发展起来的，其核心是组织管理要根据组织所处的环境和内部条件的变化而权宜变化。权变理论认为没有什么是一成不变的。权变管理就是"依托环境因素和管理思想及管理技术因素之间的变数关系来确定的一种最有效的管理方式"。本节通过对权变理论的主要代表人物及主要著作进行介绍，帮助大家对该学派有一个比较全面的认识。

1. 伯恩斯和斯托克

伯恩斯和斯托克是最早运用权变思想来研究管理问题的学者。他们通过对生产电子设备、机械产品和人造丝等不同产品的 20 个企业进行的调查与研究，得出了"企业根据目标、任务、工艺以及外部环境等活动条件的不同，可以分为稳定型和变化型两大基本类型"的结论。"稳定型"的企业，适宜采用"机械式"的组织模式，而"变化型"的企业则采用"有机式"的组织模式较为合适。其中，机械式的组织模式的特征：有一种严格规定的组织结构，有明确的任务、方法、责任和与各个职能相一致的权利，管理系统内部相互作用等。有机式的组织模式的特征：有相当灵活的结构，可以不断调整每个人的任务；系统内部的关系不是等级控制，而是网络型的；在组织活动中，技能与经验处于领先地位；等等。

伯恩斯和斯托克认为，以上两种模式可以同时共存，它们在不同的条件下都有效率。他们反对将机械式的组织模式看成陈旧的模式，也不认为有机式的组织模式就是进步和现代的模式。这两种模式的采用主要取决于企业所处的内外部经营环境。

伯恩斯和斯托克的主要著作有 1961 年出版的《革新的管理》和 1967 年发表的《机械式和有机式的系统》。在上述著作里，他们系统地论述了有关权变管理的思想。

2．钱德勒

1962 年，美国战略管理专家钱德勒出版了《战略与结构》一书，强调了在不同条件下应有多种组织方案的论点。在对美国杜邦公司、通用汽车公司、新泽西标准石油公司等 70 余家大型企业组织结构的变化机理进行调研后，他指出组织的管理结构是随着企业战略的变化而变化的，而企业战略本身又是随着市场、金融、科学技术以及其他条件的变化而变化的。因而钱德勒认为，组织管理的结构是一种动态的、变化的系统。

3．劳伦斯和洛希

劳伦斯和洛希被称为现代权变学说的创始者。1967 年，他们出版了合著的《组织和环境》一书，论述了外部环境和组织结构之间的依存关系。他们的观点是，组织结构最主要的特点是"分散化"和"整体化"。分散化就是把组织系统划分为各种分系统，每个分系统根据与它相适应的外部环境提出要求，发展其特有的性质。与此相适应，整体化是指努力使各个分系统在完成组织任务时达到统一的过程。

劳伦斯和洛希认为，普遍的"万能主义"理论与方法是不存在的，组织应该按照不同的形势、不同的类型、不同的目标和价值而采取不同的管理方法。

4．卢桑斯

卢桑斯是美国内布拉斯加大学的教授，权变学派的主要代表人物之一。他在 1976 年出版的《管理导论：一种权变学说》一书中比较详尽、系统地介绍了权变理论，提出了用权变理论可以统一各种管理理论的观点。卢桑斯把过去的管理理论划分为管理过程理论、行为科学理论、计量管理理论和系统管理理论。他认为，这几种理论都没有把管理与环境妥善地联系起来，同时，尽管这些理论的代表人物都强调他们的理论具有普遍的适用性，但实际上，上述任何一种管理理论中特有的管理观念和技术都不能使管理有效地进行。卢桑斯强调，权变理论主要是把环境对管理的作用具体化，并使管理理论与管理实践密切地联系起来。

卢桑斯认为，权变关系是两个或两个以上变量之间的函数关系。权变管理就是考虑有关环境的变量同相应的管理观念和技术之间的关系，使采用的管理观念和技术能有效地达到目标。卢桑斯把权变关系表述为一种"如果——那么"的函数关系，"如果"是自变量，"那么"是因变量。在一般情况下，环境是自变量，而管理观念和技术是因变量。这种关系表明，如果存在某种环境条件，对所要达到的目标而言，某种管理观念和技术的采用将比其他因素的变化更有效。

5. 菲德勒

菲德勒是当代美国著名的心理学家和管理学家，他早年就读于芝加哥大学，获得博士学位。菲德勒从 1951 年起进行了长达 15 年的调查，并在调查研究的基础上提出了"有效领导的权变模式"。他认为，没有什么固定的最优的领导模式，关键在于领导者必须与环境相适应。

菲德勒假设了两种主要的领导方式类型：一种是工作任务导向型，即领导者倾向于追求工作任务的完成，并从工作成就中获得满足；另一种是人际关系型，即领导者追求良好的人际关系，并从中获得尊重和地位上的满足。领导方式的选择不仅取决于领导者的个性，更应取决于所面临的组织环境。领导方式与组织环境的关系（见表 1-2）。

表 1-2　领导方式与组织环境的关系

组织环境类型	非常有利			中间状态			非常不利	
上、下级关系	好	好	好	好	差	差	差	差
工作结构		高	低	低	高	高	低	低
职位权力	强	弱	强	弱	强	弱	强	弱
有效领导方式	任务导向型			人际关系导向型			任务导向型	

菲德勒的主要著述有 1965 年发表的《让工作适合管理者》和 1974 年出版的

《领导方式与有效的管理》，在上述作品中菲德勒全面阐述了他的权变领导理论。

案例：

疫情期间企业试水"共享用工"模式

2020 年年初，突如其来的疫情对企业的正常运营产生了很大的影响。疫情期间，不同行业呈现出了冰火两重天的景象。一边是"用人荒"，一边是"闲得慌"。当餐饮业、零售业门可罗雀时，生鲜电商、外卖买菜等却异常火爆，线上下单量激增，导致供应链中的分拣、配送等环节均面临人力紧缺问题，出现了"用工荒"的现象。

2020 年 2 月 3 日，盒马鲜生超市公开宣布接纳云海肴、青年餐厅（北京）的员工到盒马鲜生超市的各地门店工作，"共享用工"模式应运而生。

所谓"共享用工"模式，就是利用平台分别与两家公司签订劳动合同。提供任务的公司不负责员工的五险一金，只负责提供工作和一定的工薪，而员工的编制则留在一家不提供工作和工资的企业内。虽然看上去实现了员工收入的增加和公司支出的减少，但从本质上看更像是劳务派遣的形式。

"共享用工"的意义在于打破了传统的以行业划分为前提的竞争战略理论的限制，将整个行业价值链上各环节的关系变为价值和利益交换，以打造共生共死的商业生态系统价值网。同时，企业将社会问题和企业战略相结合，既可降低自身成本，提高企业效益，也可树立良好的社会形象，提高品牌美誉度。

自盒马鲜生超市率先实施"共享用工"模式以来，一些企业也在积极探索开展其他自救方式。京东 7FRESH（七鲜）生鲜超市发布了"人才共享"计划，邀请歇业的服务业人员临时加盟。苏宁物流也宣布，为工作受到短暂影响的人群提供分拣、包装、运送等岗位。同时，美团买菜、叮咚买菜，永辉超市、三江购物、步步高等纷纷发出"招工令"，招聘因疫情而无法复工企业的员工，以兼职方式解决眼下的"用工荒"。

2020 年 2 月 12 日，盒马鲜生超市宣布开启新一轮招聘，提供 3 万个岗位，包括总部采购、技术、运营等，其中配送小哥最为紧缺。根据盒马鲜生超市的预估，当前全国盒马鲜生超市的工作岗位缺口约为 1 万人，加上规划新增的门店，全年人才需求预计在 3 万人左右。

据了解，截至 2020 年 2 月 17 日，沃尔玛百货有限公司在中国的 400 多家大卖场、社区店和山姆会员商店已入职兼职人员超过 3000 人。

企业跨界试水"共享用工"有多重意义。一是企业提高了自身在特殊时期的履约能力，快速形成大量劳动力供给和多地域同时响应。二是分摊了企业用工成本，是企业对自身存量劳动力资源价值挖掘的自救行为。三是便于将防疫期间的闲置员工统一管理、集中防疫。

"共享用工"的发展前景值得期待。

资料来源：https://www.sohu.com/a/377642707_120047303 企业浅水共享用工，相关法律问题亟待解决。

第二章　企业管理的基本职能

第一节　决策与计划职能

决策是管理的核心。可以认为，整个管理过程都是围绕着决策的制定和组织实施而展开的。诺贝尔经济学奖获得者西蒙甚至强调，管理就是决策，决策充满了整个管理过程。由此可见决策在管理中的重要地位。

一、决策的职能

（一）决策的概念

所谓决策，是指组织或个人为了实现某种目标而对未来一定时期内有关活动的方向、内容及方式的选择或调整。这个概念包含四层含义。第一，决策的主体既可以是组织，也可以是组织中的个人；第二，决策要解决的问题，既可以是对组织或个人活动的选择，也可以是对这种活动的调整；第三，决策选择或调整的对象，既可以是活动的方向和内容，也可以是在特定方向下从事某种活动的方式；第四，决策涉及的时限，既可以是未来较长的时期，也可以仅仅是某个较短的时段。

（二）决策的类型

1. 组织决策与个人决策

从决策主体来看，可以将决策分成组织决策与个人决策。

（1）组织决策

组织决策是组织整体或组织的某个部分对未来一定时期的活动所做的选择或调整。组织决策是在环境研究的基础上制定的。通过环境研究，认识到外部环境的变化对组织的存在造成了某种威胁或提供了某种机会，了解到自己在资源和应用能力上的优势和劣势，便可据此调整活动的方向、内容或方式。

（2）个人决策

个人决策是指个人在参与组织活动中的各种决策。个人参与组织活动的过程，实质上是一个不断地做出决定或制定决策的过程。个人决策通常是在无意中提出并在瞬间完成的，而组织决策都是有意识地提出并解决的，常常表现为一个完整的程序。

2．初始决策与追踪决策

从决策需要解决的问题来看，可以将决策分成初始决策与追踪决策。

（1）初始决策

初始决策是指组织对从事某种活动或从事该种活动的方案所进行的初次选择，是在对内外环境某种认识的基础上做出的。

（2）追踪决策

追踪决策是在初始决策的基础上对组织活动方向、内容或方式的重新调整，是由于环境发生了变化，或是由于组织对环境特点的认识发生了变化而引起的。组织中的大部分决策属于追踪决策。

3．战略决策与战术决策

从决策调整的对象和涉及的时限来看，可以将决策分为战略决策和战术决策。"战略"与"战术"是从军事学借用的术语。前者涉及战争的总体政策或方案，或涉及战斗开始前的方案制定，后者则主要与战斗过程中的具体行动有关。在管理学的研究中，战略决策与战术决策的区别主要表现在以下几个方面。

（1）调整对象方面

从调整对象上看，战略决策调整组织的活动方向和内容，战术决策调整在既定方向和内容下的活动方式。战略决策解决的是"干什么"的问题，战术决策解决的是"如何干"的问题，前者是根本性决策，后者是执行性决策。

（2）时空范围方面

从涉及的时空范围看，战略决策面对的是组织整体在未来较长一段时期内的活动，战术决策需要解决的是组织某个或某些具体部门在未来各个较短时期内的行动方案，组织整体的长期活动目标需要靠具体部门在各阶段的作业中实现。因此，战略决策是战术决策的依据，战术决策是在战略决策的指导下制定的，是战略决策的落实。

（3）作用和影响方面

从作用和影响上看，战略决策的实施是组织活动能力的形成与创造过程，战术决策的实施则是对已经形成的能力的应用。因此，战略决策的实施效果影响组织的效益与发展，战术决策的实施效果则主要影响组织的效率与生存。

（三）决策的过程

一般认为，决策过程可以划分为四个主要阶段：第一，找出制定决策的理由；第二，找到可能的行动方案；第三，对行动方案进行评价和抉择；第四，对付诸实施的抉择进行评价。前三个阶段是决策过程的核心，决策经过评价阶段，又进入一轮新的决策循环，因此决策实际上是一个"决策—实施再决策—再实施"的连续不断的循环过程，它贯穿于全部管理活动和管理的各种职能活动过程中。

1．发现问题

决策过程的第一阶段，首先要求找出关键性问题并认准问题的要害。要找出为什么要针对这个问题而不是针对其他问题作决策的理由。关键问题抓不准或问题的要害抓不准，就解决不了问题，所做的各种决策就不可能是合理的、有效的。发现问题是决策者的重要职责。为此，决策者要进行充分的调查研究，分析在特定环境条件下实际已达到的状况与应达到的理想状况的差距，并进一步查明造成差距的原因。

2．明确决策目标

问题找到后，决策者就应当着手确定决策目标。在实际工作中会遇到各种问题，于是就同时存在多个目标。这就要求决策者在需要与可能的基础上分清主要目标与次要目标，战略目标与具体目标。在满足决策需要的前提下，应尽量减少目标，要先解决重要目标，再考虑次要目标，确保战略目标的实现。实践证明，失败的决策往往是由于决策目标不正确或不明确造成的。而犹豫不决，通常也是由于目标模糊或目标设立不合理造成的。

3. 拟定可行方案

方案产生的过程是在环境研究、发现不平衡的基础上，根据组织任务和消除不平衡的目标，提出改变设想开始的。在此基础上，对提出的各种改进设想进行集中、整理和归类，形成多种不同的初步方案。在对初步方案进行筛选、补充和修改以后，对确定的方案进一步完善，并预计其执行结果，便形成了一系列不同的可行方案。可供选择的方案数量越多，被选方案的相对满意程度就越高，决策就越有可能完善。为了使在方案拟订的基础上进行的选择有意义，这些不同的方案必须相互替代、相互排斥，而不能相互包容。

4. 综合评价和选择方案

每个实现决策目标的可行方案，都会对目标的实现发挥某种积极作用和影响，也会产生消极作用和影响。因此必须对每个可行方案进行综合的评价和比较，即进行可行性研究。评价和比较的主要内容有三个方面：①方案实施所需的条件能否具备，筹集和利用这些条件需要付出何种成本；②方案实施能给组织带来何种长期和短期利益；③方案实施中遇到风险从而导致活动失败的可能性。

在方案比较和选择过程中，决策的组织者要注意处理好三个方面的问题：第一，要统筹兼顾。不仅要注意决策方案的各项活动之间的协调，而且要尽可能保持组织与外部结合方式的连续性，要充分利用组织现有的结构和人力条件，为实现新的目标服务；第二，要注意反对意见。因为反对意见不仅可以帮助我们从多种角度考虑问题，促进方案的进一步完善，还可以提醒我们防范一些可能出现的弊病；第三，要有决断的魄力。决策者要在充分听取各种意见的基础上，根据自己对组织任务的理解和对形势的判断，权衡各种方案的利弊，做出决断。

5. 检查评价和反馈处理

检查评价和反馈处理是决策过程的最后一个步骤。通过追踪检查与评价，可以发现决策执行过程中出现的偏差，以便采取相应的处理措施进行决策控制。具体追踪处理措施有三种：①保持现状，不采取措施；②采取措施纠正偏差；③修正原决策。到底选择哪一种办法，取决于许多条件。具体地说，如果出现的偏差较小，不致影响决策的全局效果，或纠正偏差需要付出较大的代价或已超出现有的条件，那么往往允许偏差的存在，继续观察；如果对实施结果及偏差原因做出分析后，认为原决策在现有条件下仍然是正确的，或说客观条件的变化还不足以表明具有修正决策的必要，而已经出现的偏差又会影响决策的效果，那么在这种情况下就应采取措施纠正偏差，以保证原决策目标的顺利实现。

以上是对决策过程的一个粗略的阶段划分，不能机械地理解和对待。实际决策运行过程中可能存在各阶段相互交叉的情况，而且在不同的决策中，省略某个阶段也是允许的。决策过程如下图所示（见图2-1）。

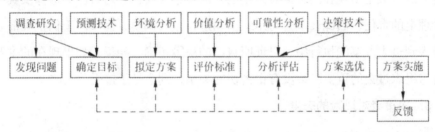

图2-1 决策过程

（四）决策的影响因素

在上述过程中，组织的决策受到以下因素的影响：

1. 环境

环境对组织决策的影响不言而喻。这种影响是双重的。

（1）环境的特点影响着组织的活动选择

就企业而言，如果市场稳定，今天的决策主要是昨天决策的延续，如果市场急剧变化，则需对经营方向和内容经常进行调整。市场优势较显著的企业，通常将经营重点放在内部生产条件的改善、生产规模的扩大以及生产成本的降低等方面，而处在竞争阶段的企业，则需密切注视竞争对手的动向，不断推出新产品，努力改善营销宣传，建立健全销售网络。

（2）对环境的习惯反应模式也影响着组织的活动选择

即使在相同的环境背景下，不同的组织也可能做出不同的反应。而这种调整组织与环境之间关系的模式一旦形成，就会趋向固定，限制人们对行动方案的选择。

2. 过去的决策

在大多数情况下，组织决策是对初始决策的完善、调整或改革。组织过去的决策是目前决策过程的起点，过去选择的方案的实施，不仅伴随着人力、物力、财力等资源的消耗，而且也伴随着内部状况的改变，带来对外部环境的影响。"非零起点"的目前决策不能不受到过去决策的影响。

过去的决策对目前决策的制约程度受到它们与现任决策者的关系的影响。如果过去的决策是由现在的决策者制定的，而决策者通常要对自己的选择及其后果负管理上的责任，因此会不愿对组织活动进行重大调整，而倾向于仍把大部分资源投入到过去方案的执行中，以证明自己的决策正确。相反，如果现在的主要决策者与组织过去的重要决策没有很密切的关系，则会易于接受重大改变。

3. 决策者对风险的态度

由于决策是人们确定未来活动的方向、内容和目标的行动，并且人们对未来的认识能力有限，目前预测的未来状况与未来的实际状况不可能完全相符，因此在决策指导下进行的活动，既有成功的可能，也有失败的危险。任何决策都必须冒一定程度的风险。

组织及其决策者对待风险的不同态度会影响决策方案的选择。愿意承担风险的组织，通常会在被迫对环境做出反应以前就已采取进攻性的行动。而不愿承担风险的组织，通常只对环境做出被动的反应。愿意承担风险的组织经常进行新的探索，而不愿承担风险的组织，其活动则要受到过去决策的严重限制。

4. 组织文化

组织文化制约着组织及其成员的行为以及行为方式。在决策层次上，组织文化通过影响人们对改变的态度而发生作用。

任何决策的制定，都是对过去在某种程度上的否定。任何决策的实施，都会给组织带来某种程度的变化。组织成员对这种可能产生的变化怀有抵御或欢迎两种截然不同的态度。欢迎变化的组织文化有利于新决策的实施，而抵御变化的组织文化则可能给任何新决策的实施带来灾难性的影响。在后一种情况下，为了有效实施新的决策，必须首先通过大量工作改变组织成员的态度，建立一种有利于变化的组织文化。因此，决策方案的选择不能不考虑到为改变现有组织文化而必须付出的时间和费用的代价。

二、计划的职能

（一）计划的定义

概括地说，计划就是对未来组织所要从事的事业的谋划、规划和打算。计划包括：确定组织的目标，制定全局战略以实现这些目标，开发一个全面的分层计划体系以综合协调各种活动。计划既涉及目标（做什么），也涉及达到目标的方法（怎么做）。

计划可以进一步分为非正式计划和正式计划。非正式计划是指管理者本人考虑过组织想要达到什么目标，以及怎么实现目标，并不形成文字。非正式计划是粗略的，且缺乏连续性，很少或没有与组织中其他人共享的目标。

本书中使用的计划是指正式计划。正式计划对每一个时期都有具体的目标，这些目标被郑重地形成文字并使组织的全体成员都知道。也就是说，管理当局明确规定组织要达到的目标和如何实现这些目标。

（二）计划的目的

计划是一种协调过程，它给管理者和非管理者指明方向。当所有有关人员了解组织的目标和为达到目标他们必须做什么时，他们就能开始协调活动、互相合作、结成团队。

通过促使管理者展望未来、预见变化、考虑变化的冲击，以及制定适当的对策，计划可以减小不确定性，使管理者能够预见行动的结果。计划还可以减少重叠性和浪费性的活动。

在计划中我们设立目标，而在控制职能中，将实际的绩效与目标进行比较，发现可能产生的重大偏差，采取必要的校正行动。没有计划，就没有控制。

（三）计划的类型

最常用的划分计划类型的方法是根据计划的广度（分为战略计划和作业计划）、时间框架（分为短期计划和长期计划）和明确性（分为具体计划和指导性计划）对计划进行分类。但是，这些分类方法所划分出的计划类型不是相互独立的，它们之间存在着紧密的联系。

1. 战略计划与作业计划

（1）战略计划

战略计划是指应用于整体组织的，为组织设立总体目标和寻求组织在环境中的地位的计划。

（2）作业计划

作业计划是指规定总体目标如何实现的细节的计划。作业计划趋向于覆盖较短的时间间隔，如月度计划、周计划、日计划。战略计划趋向于持久的时间间隔，通常为 5 年甚至更长，覆盖较宽的领域而不规定具体的细节。

战略计划与作业计划在时间框架、范围和是否包含已知的一套组织目标方面是不同的。此外，战略计划的一个重要任务是设立目标，而作业计划则只是在假定目标已经存在的基础上提供实现目标的方法。

2. 短期计划与长期计划

（1）长期计划

长期计划描述组织在较长时期（通常为 5 年以上）的发展方向和方针，规定组织的各个部门在较长时期内从事某种活动应达到的目标和要求，绘制组织长期发展的蓝图。长期计划规定的长期目标需要组织的各个部门在未来不同阶段的具体活动中实现。

（2）短期计划

短期计划具体地规定组织的各个部门从目前到未来的各个较短的时间阶段（通常指 1 年以内的期间），特别是最近的时段中，应该从事何种活动，从事该种活动要达到何种要求，为各组织成员在近期内的行动提供依据。

长期计划的目的在于组织活动能力的再生和扩大，因而其执行结果主要影响组织的发展能力。短期计划的目的在于已经形成的组织活动能力的充分利用，因而其执行结果主要影响组织活动的效率以及由此决定的生存能力。

3．具体计划与指导性计划

（1）具体计划

具体计划具有明确规定的目标，不存在模棱两可，没有容易引起误解的问题。例如，一位经理打算使企业的销售额在未来的 12 个月中增长 20%，他或许要制定特定的程序、预算分配方案，以及实现目标的各项活动的进度表，这就是具体计划。

（2）指导性计划

指导性计划只规定一般的方针，它指出重点，但不把管理者限定在具体的目标或特定的行动方案上。显然，指导性计划具有内在的灵活性。

（四）计划的编制程序

计划编制过程包括五个阶段：第一，收集资料阶段；第二，目标或任务的分解阶段；第三，目标结构的分析阶段；第四，综合平衡阶段；第五，编制并下达行动计划阶段。

1．收集资料

计划是为决策的组织落实而制定的，了解决策者的选择，理解有关决策的特点和要求，分析决策制定的环境特点和决策执行的条件要求，是编制行动计划的前提。由于计划安排的任务需要组织内部不同环节的组织成员利用一定的资源完成，因此计划的编制者还需要收集反映不同部门和环节的活动能力以及外部有关资源供应情况的资料，为计划编制提供依据。

2．目标或任务的分解

目标或任务的分解是将决策确定的组织总体目标分解落实到各个部门、各个活动环节，将长期目标分解为各个阶段的分目标。通过分解，确定组织各个部分在未来各个时期的具体任务以及完成这些任务应达到的具体要求。分解的结果是形成组织的目标结构，包括目标的时间结构和空间结构。目标结构描述了组织中较高层次的目标与较低层次的目标相互间的指导与保证关系。

3．目标结构分析

目标结构分析是指研究较低层次的目标对较高层次目标的保证能否落实，即分析组织在各个时期的具体目标能否实现，从而推断长期目标能否达成。分析组织各个部分的具体目标能否实现，从而推断整体目标能否达成。如果较低层次的某个具体目标不能充分实现，则要考虑是否要采取补救措施，或调整较高层次的目标要求，甚至考虑整个决策的重新修订。

4．综合平衡

综合平衡是计划工作的重要环节，具体内容包括以下三点：

（1）分析由目标结构决定的或与目标结构对应的组织各部分在各时期的任务是否相互衔接和协调，包括任务的时间平衡和空间平衡。时间平衡是要分析组织在各时段的任务是否相互衔接，能否保证组织活动顺利地进行。空间平衡则要研究组织各个部分的任务是否保持相应的比例关系，能否保证组织的整体活动协调进行。

（2）研究组织活动的进行与资源供应的关系，分析组织能否在适当的时间筹集到适当品种和数量的资源，能否保证组织活动的连续性。

（3）分析不同环节在不同时间的任务与能力之间是否平衡，即研究组织的各个部分是否能够保证在任何时间都有足够的能力完成规定的任务。由于组织的内外环境和活动条件经常发生变化，可能导致任务的调整，因此在任务与能力平衡的同时，还需要留有一定的余地以进行必要的调整。

5．编制并下达行动计划

在综合平衡的基础上，组织可以为各个部门（如业务、人事、财务、供应）编制各个时段（长期、年度、季、月等）的行动计划，并下达执行。

（五）计划的执行与调整

组织计划执行的基本要求是：保证全面、均衡地完成计划。所谓全面地完成计划，是指组织整体、组织内的各个部门按主要指标完成计划，而不能有所偏废。所谓均衡地完成计划，是指根据时段的具体要求，做好各项工作，按年、季、月，甚至旬、周、日完成计划，以建立正常的活动秩序，保证组织稳步地发展。

如果说计划的制订主要是专业工作者的事情，那么计划的执行则需要依靠组织全体成员的努力。因此，能否全面、均衡地完成计划，很大程度上取决于在计划执行中能否充分调动全体组织成员的工作积极性。

目标管理（management by objectives，MBO）是一种经常用到的、重要的、有效的执行计划的管理技法。

计划在执行过程中，有时需要根据情况进行调整。这不仅因为计划活动所处的客观环境可能发生变化，而且人们对客观环境的主观认识也会有所改变。为了使组织活动更加符合环境特点的要求，必须对计划进行适时的调整。

滚动式计划是保证计划在执行过程中能够根据情况变化适时修正和调整的一种现代计划方法。滚动计划的基本做法是：组织制订好在一个时期的行动计划后，在执行过程中根据组织内外条件的变化定期加以修改，使计划期不断延伸，滚动向前。

滚动式计划主要应用于长期计划的制订和调整。长期计划面对的环境较为复杂，有许多因素组织本身难以控制，采用滚动式计划，便可以适时地根据环境的变化和组织活动的实际进展情况进行调整，使组织始终有一个长期计划。当然，这种计划方式也可以应用于短期计划工作，比如年度或季度计划的编制和修订。采用滚动式计划编制年度计划时，可将计划期向前推进一个季度，到第一季度末，根据第一季度计划执行结果和客观情况的变化，对原来的年度计划做相应的调整，使计划期向前推一个季度。滚动式计划的程序如图 2-2 所示。

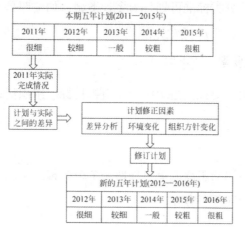

图 2-2　滚动式计划的程序

滚动式计划的主要特点：第一，计划分为若干个执行期，其中近期行动计划编制得详细具体，而远期计划则相对粗略；第二，计划执行一定时期后，根据执行情况和环境变化对以后各期计划内容进行修改、调整；第三，上述两个特点决定了组织的计划工作始终是一个动态过程，因此滚动式计划避免了计划的凝固化，提高了计划的适应性，从而对实际工作更具指导性。

第二节　组织与控制职能

一、组织的职能

（一）组织概述

1. 组织的含义

组织是一项重要的管理职能，是指根据计划的要求，按照管理中的权利责任关系原则，将所要进行的管理活动进行分解与合成，并把工作人员编排和组合成一个分工协作的管理工作体系或管理机构体系，以实现人员的优化组合，从而圆满实现管理目标的过程。在理解组织的概念时，我们应该注意以下几点：第一，组织由一群人所组成，是一个集体，组织中必须要有成员；第二，组织都是有目标的，组织的目标即群体成员的共同目标；第三，组织是一个系统化的结构，成员按照分工合作体系有效组合。

组织按照不同的分类标准可划分为多种类型，如按照是否以营利为目标，组织可以分为营利组织和非营利组织等。

2. 组织的构成要素

组织的构成要素主要包括组织成员、组织目标、组织活动、组织资源和组织环境，具体内容为：

（1）组织成员

组织成员是指组织的组成人员。任何一个组织都是一定数量的人的集合，离开了组织成员，组织即不复存在。

（2）组织目标

组织目标是组织成员共同追求的理想或预期成果,是组织凝聚成员的黏合剂。组织目标不仅为组织确定了努力的方向,也具有激励组织成员的重要作用。

（3）组织活动

为了实现共同的目标,组织成员必须从事某种活动。组织活动的内容是根据组织的目标来确定的。例如,某企业确定了下一年度市场占有率增加至10%的目标,那么该企业就必须开展一系列的相关活动,如增加销售人员数量、增加广告投入、降低销售价格、激励经销商等。

（4）组织资源

任何组织开展工作活动都需要有资源的支撑,如人力、物力、财力等。组织只有合理利用现有的资源,通过一系列的计划、组织、领导和控制等活动才能实现最终的目标。

（5）组织环境

组织不是存在于真空中的,组织在经营活动过程中要受到各种因素的影响与制约,这些因素共同构成了组织所处的环境,如政治、经济、人文社会、法律、政策、技术、地理、人口、竞争状况等。环境对组织的影响既有可能是有利的,也有可能是不利的,这就需要组织认真做好环境分析工作,并在此基础上制定与环境相适应的经营战略。

（二）组织设计

1. 组织设计的原则

以泰勒、法约尔、韦伯等为代表的古典管理理论学派,对组织的设计提出了许多真知灼见。时至今日,这些观点仍然具有宝贵的价值,其中的一些原则如目标统一、分工协作、统一指挥等已成为组织设计时必须遵循的原则。

（1）目标统一原则

共同的目标是组织建立和存在的客观基础。没有共同一致的目标,组织就很难建成,即使临时建立起来了,也不可能长久生存下去。只有有了明确一致的目标,组织的各个部门和全体成员才有合作的基础,才有共同的行动方向。

（2）分工与协作原则

分工与协作是组织设计的重要原则。组织为了实现目标必须进行劳动分工，劳动分工不仅有利于提高工作效率，也有利于培养某一领域的专家型人才。但管理工作是一项复杂的社会活动，组织目标的实现需要组织成员彼此协作，因此，组织在强调劳动分工的时候，还要加强协作管理。

（3）统一指挥原则

按照早期管理学家的观点，组织在组织设计时应该保证组织中的任何一位员工只服从一个上级并接受他的指挥。虽然该原则在项目管理活动中可能被打破，但依然为绝大多数企业所遵循。

（4）职权对等原则

职权对等原则是指权力与责任应该保持一致，即有权必有责、有责必有权、权责必须对等。只有责任没有权力，必然会导致无权负责，无力负责，无法负责的局面；反之，只有权力而不承担任何责任，无疑会造成权力泛滥，而严重危害组织的机能。

（5）管理幅度原则

管理幅度是指一名上级管理者能够直接而有效地领导下属的人数。管理幅度容易受到工作性质、管理者自身能力、下属的成熟程度等诸多因素的影响，因此，一个管理者直属的下级人员数量是有一定限度的。

（6）因事设职与因人设职相结合的原则

组织设计的根本出发点是实现组织目标，是使目标活动的每项内容都落实到具体的部门和岗位，即所谓的"事事有人做"。故在组织设计过程中，管理者必须首先考虑工作的特点和需要，做到因事设职、因职用人。同时，在组织设计时也要考虑人的因素，要根据职位的需要配备适当的人，确保有能力的人有机会去做他们真正胜任的工作。

2. 组织设计的程序

一般来说，一个完整的组织设计程序包括以下七个步骤：

（1）确定组织设计的原则

确定组织设计的原则是指根据组织的性质、特点、目标及组织所面临的内、外部环境等因素，确定进行组织设计的方针和原则。

（2）确定组织职能

确定组织职能是指确定组织所需要的管理职能，将其层层分解到各项管理业务和工作中。

（3）设计组织结构框架

设计组织结构框架是指组织设计的主体工作，即确定应采取的组织结构的基本形式，进而确定需要设置哪些单位和部门，并把性质相同或相近的业务活动划归适当的单位和部门负责，形成层次化、部门化的组织结构体系。

（4）设计组织的联系方式

设计组织的联系方式是指通过设计不同管理层次之间、平行管理部门之间的协调方式和控制手段，使组织的各个组成部分联结为一个整体。

（5）人员的配备和训练

人员的配备和训练是指根据各单位、部门所分管的业务工作的性质和对人员的素质要求，挑选和配备称职的人员及其行政负责人，明确其职务和职称，并进行必要的培训。

（6）制定相关规章制度

制定相关规章制度是指，为了组织结构的正常运行管理者还需要设计一套良好的规章制度，如奖惩制度、考核制度、激励制度等。

（7）反馈与修正

反馈与修正是指组织设计是一个不断完善的过程，在组织运行过程中，有关部门要根据各种反馈信息定期或不定期地对原有的组织设计方案做出修正，不断完善。

（三）典型的组织结构形式

1．直线制组织结构

（1）直线制组织结构的特点

直线制组织结构，又称单线制组织结构或军队式组织结构，是最早被采用，也是最为简单的、低部门化、宽管理幅度、集权式的组织结构形式。这里的直线关系即为上下级间直接指挥和命令的关系。该组织结构的特点：第一，组织中的每一位主管人员对其直接下属均有指挥和监督权；第二，组织中的下属成员只能向一位直接上级报告，即一人只听命于一位领导；第三，组织中也不设专门的职能机构，是高度的集权化形式；第四，主管人员在其管辖范围内有绝对的职权或完全的职权。关于直线制组织结构如图 2-3 所示。

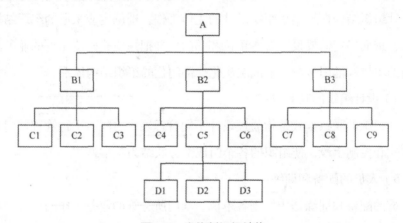

图 2-3　直线制组织结构

（2）直线制组织结构的主要优缺点

直线制组织结构的主要优点：①组织结构简单、明了，所有的人都明白在工作中该对谁负责并听命于谁；②权力集中，命令统一，不易发生推诿现象；③责任与职权明确；④决策迅速、效率高。

直线制组织结构的主要缺点：①组织结构比较呆板，缺乏弹性；②不同部门之间协调困难；③强调下级对上级要绝对服从，这一方面容易产生专制，另一方面容易妨碍下属发挥工作的主动性与创造性，使下属墨守成规；④当某些有能力的管理者突然离职后，组织很难找到合适的替代者；⑤组织的管理者须具备全面的管理能力，对管理者的要求较高。同时，管理者容易陷入日常事务之中，因而不利于集中精力研究与思考组织的生存与发展问题；⑥未设职能机构，不利于专业化管理水平的提高。因此，这种组织形式只适用于那些没有必要按照职能实行专业化管理的小型组织。

2．职能制组织结构

（1）职能制组织结构的形式

职能制组织结构也称 U 型组织结构、多线性组织结构。职能制组织结构依据专业化的职能来划分部门，将性质类似的工作设置在同一个部门内，即形成按照职能划分的部门（见图 2-4）。

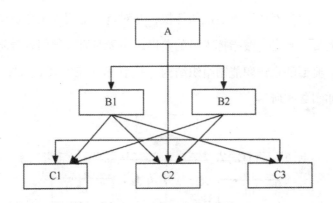

图 2-4　职能制组织结构

（2）职能制组织结构的优缺点

① 职能制组织结构的优点

适应了大生产分工合作的要求，提高了专业化管理水平，降低了设备和职能人员的重复性，减轻了高层管理者的责任压力，使其能专心致力于最主要的决策工作。

② 职能制组织结构的缺点

组织常常因为片面追求职能目标而看不到全局的最佳利益，没有一个职能部门对最终结果负全部责任。同时，职能制组织结构违背了统一指挥的原则，容易造成多头领导，从而导致管理上的混乱。

职能制组织结构主要适用于中小型的、产品品种比较单一、生产技术发展变化较慢、外部环境比较稳定的企业。

3. 直线职能制组织结构

（1）直线职能制组织结构的形式

直线职能制组织结构也叫直线参谋制组织结构，是一种最常见的组织结构形式。它是在直线制组织结构和职能制组织结构的基础上，取长补短，吸取这两种组织结构的优点而建立起来的。其主要特点：以直线制组织结构为基础，在组织中设置两套管理系统。一套是按照统一指挥原则建立的直线指挥系统，另一套是按照职能分工原则建立的职能管理系统。直线领导机构和人员在自己的职责范围内有一定的决定权和对所属下级的指挥权，并对自己部门的工作负全部责任。而职能机构和人员，则是直线指挥人员的参谋，不能对直线部门发号施令，只能进行业务指导。典型的直线职能制组织结构（其中 B1、B2、C1、C3、D1、D2 为职能部门）如图 2-5 所示。

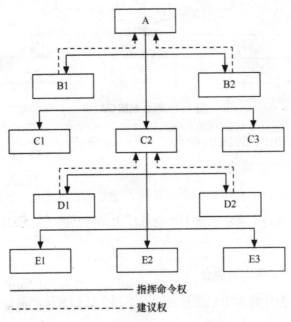

图 2-5　直线职能制组织结构

（2）直线职能制组织结构的主要优缺点

① 直线职能制组织结构的优点

既保持了直线制组织结构统一指挥的优点，又吸取了职能制组织结构发挥专业职能作用的长处。具体的优点：分工细致，任务明确，部门职责界限清晰，便于建立岗位责任制，强化专业管理；各级领导者都有相应的职能机构做参谋和助手，因而可以克服领导者个人知识范围有限的弱点，使管理组织能够适应组织活动日趋复杂化的特点；管理权力高度集中，有利于高层管理人员对整个公司实施严格的控制。

② 直线职能制组织结构的缺点

权力集中于最高层，下级缺乏必要的自主权，员工士气低落；当企业规模较大时，企业的组织层次会变得很多，内部沟通会很困难，加上相互之间缺少有效的协作机制，容易使企业变得僵化而无法适应环境变化；直线部门与参谋部门容易产生矛盾和摩擦；各职能部门与直线指挥部门之间的目标不统一，容易产生矛盾；增加了管理岗位，管理费用较高。

直线职能制组织结构比较适用于规模不大、经营品类单一、外部环境比较稳定的组织。目前我国大多数企业采用的都是这种组织结构形式。

4．事业部制组织结构

（1）事业部制组织结构的形式

事业部制组织结构简称 M 型结构（Multidivisional Form），又称分权制组织结构、部门化组织结构，是美国通用汽车公司总裁斯隆于 1924 年首先提出的，所以又被称为"斯隆模型"。事业部制组织结构是为满足企业规模扩大和多样化经营对组织机构的要求产生的一种组织结构形式。具体的设计思路为：在总公司领导下设立多个事业部，把分权管理与独立核算结合在一起，按产品或按地区或按市场（顾客）划分经营单位，即事业部。每个事业部都有自己的产品和特定的市场，能够完成某种产品从生产到销售的全部职能。事业部不是独立的法人企业，但具有较大的经营权限，独立核算，自负盈亏，是一个利润中心。从经营的角度上来说，事业部与一般的公司没有什么太大的不同。

事业部制组织结构的管理原则可以概括为：集中决策、分散经营、协调控制。其突出特点是总部集中决策，而由事业部独立经营。事业部制的典型结构如图 2-6 所示。

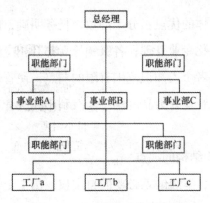

图 2-6　事业部制的典型结构

（2）事业部制组织结构的优缺点

① 事业部制组织结构的优点

A. 事业部制组织结构以分权管理为基础，使高层管理者从日常事务中解脱出来，可以专心致力于制定企业的长远规划和战略决策。

B. 通过权力下放，使各事业部更加接近市场和顾客，有利于增强企业对市场的适应能力。

C. 各事业部独立经营，可以充分发挥各事业部的灵活性，有利于企业适时调整产品结构和经营方向，并进而增强企业的灵活性和适应能力。

D. 事业部是利润中心，事业部的经营好坏与每一个成员都有着密切的利益关系，事业部制组织结构可以充分调动员工的积极性。

E. 由于各事业部经营的产品（地域等）有所不同，相当于企业在实行多元化经营，这样有利于降低经营风险。

F. 由于各事业部独立核算，各事业部的经营状况通过财务报表即能直观反映出来，从而便于企业考核和评价各事业部的经营绩效。

G. 事业部制组织结构实行分权化的管理模式，事业部的管理者有着较为充分的经营自主权，需要独立面对市场挑战，从而有利于培养和训练管理人才。

② 事业部制组织结构的缺点

A. 事业部制组织结构中的某些职能部门重复配置，管理岗位增加，易导致企业总成本的提高和效率的下降。

B. 各事业部之间存在着竞争关系，容易造成各事业部之间在人员、信息、技术等方面的交流困难。

C. 由于各事业部独立核算、自负盈亏，各事业部往往只考虑自身的利益，忽视整体利益。这将影响各事业部之间的协作，不利于企业的整体发展。

D. 各事业部及相应职能部门的设置，使管理机构和管理者大为增加，管理成本提高。

事业部制组织结构不适合规模较小的组织。只有当组织规模足够大，且其下属单位能够成为一个完整的单位时才较为适用。

5. 矩阵制组织结构

（1）矩阵制组织结构

矩阵制组织结构由纵、横两套管理系统组成，纵向系统是指原有的职能部门体系，横向系统是指为完成某一临时任务而组成的项目小组系列，如某一工程项目、产品研发项目等。纵、横两个系统交叉，形成矩阵制组织结构（见图2-7）。

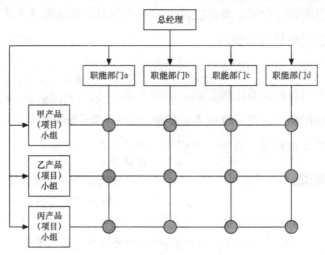

图 2-7　矩阵制组织结构

从图2-7中可以看出，在开展甲、乙、丙三个项目时，项目小组把原来隶属于各不同职能部门的专业人员集中在一起，组成三个项目的横向领导系统。这样，甲、乙、丙三个项目小组的每一位成员都要接受两个方面的领导：在执行日常工作任务方面接受原职能部门的垂直领导；在执行甲、乙、丙三个项目的任务时则接受项目负责人的横向指挥。显然，矩阵制组织结构打破了"一人一个老板"的命令统一原则，但大大提高了管理组织的灵活性。

（2）矩阵制组织结构的优缺点

① 矩阵制组织结构的优点

A. 将企业管理中的纵向联系与横向联系较好地结合了起来，有利于不同部门之间的协调与合作，提高了灵活性，有利于提高工作效率。

B. 把不同职能部门的专业人员组织在一起，有助于激发人们的积极性和创造性，提高其技术水平和管理业务水平。

C. 项目小组所担负的产品或项目，可以根据情况的变化而变动，能较快地适应市场需求的变化。

D. 对人力资源的运用富有弹性，同一职能部门的知识和经验可以运用于不同的项目或产品之中，能充分发挥各种职能专家的作用。

E. 有利于培养综合型、具有较强组织协调能力的高级管理人才。

② 矩阵制组织结构的缺点

A. 多头领导，极易引发项目经理与职能部门经理之间的权力争夺战。

B. 组织中的各种关系比较复杂，协调困难。

C. 双重指挥链，使得管理成本成倍增加。

D. 临时性的机构易导致项目团队中的员工责任心不强。

二、控制的职能

控制是管理的重要职能之一，是实现企业目标的重要保障。没有控制活动，再周密的计划、再明确的经营目标都必将难以实现。因此，为了保证企业经营活动的有序运行，控制工作必不可少。

（一）控制的含义

"控制"一词起源于古希腊，原意是"掌舵术"，意思是领航者通过命令将偏离航线的船舶拉回正常的航线上来。因此，从传统的观点来看，控制的主要任务就是"纠偏"，即限制偏差的累积。但在管理学领域，控制的含义已经超出了原来的仅仅是"纠偏"的范畴，可以定义为：控制是以计划为前提，通过制定工作标准、衡量偏差以及纠正偏差等活动来实现组织既定的管理目标的过程。

控制工作涉及的内容是多方面的，概括起来，企业的控制内容主要包括人员控制、财务控制、作业控制、信息控制以及企业绩效控制。企业在开展管理活动时应该注意控制的全面性。

（二）控制的类型

按照不同的标准，如性质、对象、内容和范围等，可将控制分为多种类型。例如，我们经常说的前馈控制、现场控制和反馈控制，就是按照控制实施的时间所进行的分类。直接控制和间接控制则是按照控制的手段进行划分的。正确认识和了解控制的各种类型，对于企业来说是十分必要的。企业只有根据实际情况选择合适的控制类型才有可能对企业活动进行有效的控制。

1．控制的基本类型

控制分为预先控制、现场控制和事后控制三种基本的控制类型（见图2-8）。

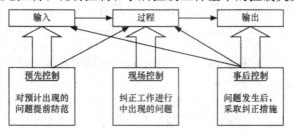

图 2-8　控制的基本类型

（1）预先控制

预先控制也称事先控制或前馈控制，是指管理者根据过去的经验或科学分析，对各种可能出现的偏差进行预测，并在此基础上采取一定的防范措施。预先控制的重点是防止组织偏离预期的标准，因此它是一种面向未来的控制。

预先控制的优点是能够防患于未然，而且是对事不对人。这样既可以预防未来偏差的出现，也不至于引发被管理者的对立情绪。因此，预先控制是一种比较理想的控制方法。但事实上至今仍有许多企业忽视了这一点，它们往往将控制的重点放在对事后的处理上，这不能不说是一种遗憾。

虽然预先控制具有上述诸多优点，但它同时也具有一些难以克服的缺陷。预先控制是面向未来的，但未来毕竟是一个未知的领域。在实际的管理过程中，各种出乎人们预料的意外事件随时都有可能发生，这将大大降低预先控制的有效性。因此，在控制活动中，现场控制和事后控制也是不可或缺的重要控制手段。

（2）现场控制

现场控制是一种发生在计划实施过程中的控制，为了顺利实现计划的目标，管理者直接对计划的执行情况进行现场检查，并及时纠正偏差。由于现场控制是在工作过程中发生的，因此，又被称为实时控制、随机控制、即时控制、过程控制等。现场控制是一种比较及时的控制手段，往往表现为管理者深入到具体的管理活动中，进行直接指导和监督，对出现的偏差立即加以纠正。一般而言，现场控制往往是由管理层次较低的管理者来承担的，这是因为基层管理者的主要工作任务是指导业务工作，而业务工作往往需要被现场监督与指导。

现场控制的有效性很大程度上取决于管理者的个人素质、工作作风和领导方式等。管理者经常使用的现场控制的手段主要有经济手段和非经济手段。一名优秀的管理者应该将这两种手段配合使用，以便达到比较理想的管理效果。

（3）事后控制

事后控制是一种针对结果的控制，又被称为反馈控制。管理者通过分析工作的执行结果，并将其与控制标准相比较，发现偏差以及造成这种偏差的原因，及时拟定纠正措施并予以实施，以防止偏差继续发展并杜绝此类事件再度发生。事后控制是在偏差已经发生的情况下采取的措施，传统的控制方法几乎都属于此类。事后控制最大的缺点是具有滞后性，从衡量结果、发现偏差到纠正偏差之间存在着时间延迟的现象，这样不仅会延误时机，而且还会增加控制的难度。正因如此，事后控制可以被认为是一种"亡羊补牢"式的控制。

尽管事后控制存在滞后性的缺点，但是在许多情况下它却是管理者唯一可以选择的控制方法。因为对于很多事件来说，人们只有在其发生之后才能看清它的结果。从这一点来说，事后控制不仅是必要的，而且是必需的。

2．控制的其他类型

（1）间接控制和直接控制

根据控制手段的不同，控制可以划分为间接控制和直接控制两种。

① 间接控制

间接控制是控制计划执行的结果，即管理者根据计划和预先制定的控制标准对比和考核实际结果，由此发现工作中出现的偏差，分析其产生的原因，并追究有关人员的责任使之改进未来的工作。

② 直接控制

直接控制是相对于间接控制而言的，是指通过提高组织成员的素质来更好地开展管理控制工作。直接控制的原则是，管理者及其下属的素质越高，就越不需要进行间接控制，因为他们能够觉察到正在形成的问题，并能及时采取纠正措施。

（2）正式组织控制、群体控制和自我控制

根据控制源的不同，控制可以分为正式组织控制、群体控制和自我控制三种类型。

① 正式组织控制

正式组织控制是指根据组织制定的相关规章制度并由正式的组织机构实施的控制。例如，质检、预算、审计等就是正式组织控制的典型代表。正式组织控制是组织各项工作正常进行的基本保障。

② 群体控制

群体控制是指由组织中的非正式组织自发进行的控制，它基于非正式组织成员的价值观和行为准则。非正式组织的行为规范，虽然没有明文规定，但对于组织成员却有着非常大的约束力和控制力。

③ 自我控制

自我控制是指个人有意识地按某一行为规范进行的活动。自我控制是实施控制的最好方法，具有良好修养、品德高尚且顾全大局的人具有更高的自我控制能力，这也是组织在重用员工时都非常重视其道德修养的重要原因。

以上三种控制有时相互一致，有时也会相互抵触，这取决于组织的文化。有效的管理控制系统应该使这三种控制类型和谐共存并对其综合利用。

（三）控制的基本要求

控制是管理的基本职能之一，在管理活动中具有重要的作用，同时它也是一项比较复杂的工作。在现实中，许多组织制订了周密的计划，但由于控制工作不力，最后还是不能达到预期的目标。为了保证对组织活动进行有效的控制，控制工作必须满足一定的基本要求。

1. 控制应该具有目的性

控制的目的性是指控制工作是为了实现一定的组织目标，所有偏离既定目标的活动都必须予以纠正。目的性是控制工作的最基本要求。因为，控制作为一种重要的管理职能，它是为组织目标服务的。管理者的任务之一就是要在众多的相互矛盾的目标中，选择关键目标，并围绕着目标的实现而展开控制工作。因此，控制工作首先必须具有目的性。

2. 控制应该具有客观性

控制的客观性是指控制工作应该切合组织的实际情况，即要求控制标准合理、检测技术和手段符合实际、纠偏措施切实可行。控制的客观性要求可以避免管理者的主观臆断。

控制的客观性要求控制标准不能太高，也不应太低。控制标准太高或太低都不利于既定目标的实现。客观的控制标准应该是一套富有挑战性、能激励员工努力工作的标准，并且是合理的、可以达到的标准。除此以外，为了避免过多的主观因素对管理控制工作的影响，控制标准还应该是明确的，应尽可能地予以量化，以便于衡量和把握。

3. 控制应该具有适应性

控制的适应性是指所有的控制活动都应反映组织所制订的、有待实施的计划。

控制应反映组织结构，也应该与职位相适应。

4．控制应该具有适时性

控制的适时性是指在偏差刚刚发生或将要发生时能够立即判定出来，并迅速查明原因和采取纠正措施。适时控制可以将偏差造成的损失降到较小的限度，它需要建立有效的信息反馈系统作为保障。

（四）控制的基本过程

控制工作是一个系统的过程，其基本过程主要包括制定控制标准、衡量工作绩效、纠正运行偏差三个环节（见图 2-9）。也就是说，控制是依据一定的标准去衡量实际工作业绩，并采取适当的纠偏措施的过程。因此，控制的首要前提是制定控制的标准。下面就对控制的上述三个基本环节进行介绍。

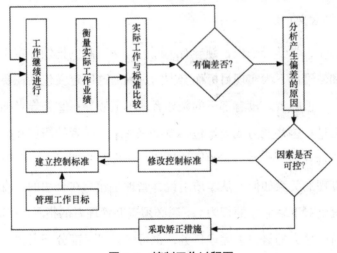

图 2-9　控制工作过程图

1．制定控制标准

控制标准的制定是进行有效控制的基础，没有事先制定的一套完备的控制标准，衡量工作绩效和纠正运行偏差也就失去了客观的依据。

2．衡量工作绩效

衡量工作绩效是控制工作的第二个环节，其主要内容是将实际工作与控制标准相比较，从中发现两者的偏差，并做出判断，为进一步采取控制措施提供全面、准确的信息。衡量工作绩效需要注意三个问题：第一是衡量的要求，第二是衡量的项目，第三是如何衡量。

3．纠正运行偏差

纠正运行偏差是控制工作的最后一个环节。组织在依据衡量的标准，利用各种方法对工作绩效进行衡量之后，就应该将衡量的结果与既定的标准进行比较，通过比较与分析，从中发现偏差，并采取适当的措施。

第三节　领导与激励职能

一、领导的职能

（一）领导的内涵

1．领导的含义

对不同的管理学学者来说，领导有不同的含义。我们把领导定义为：指挥、带领、引导和鼓励部下为实现目标而努力的过程。这个定义包括三要素：①领导者必须有部下或追随者。没有部下的领导者谈不上领导；②领导者拥有影响追随者的能力或力量。这些能力或力量包括由组织赋予领导者的职位和权力，也包括领导者个人所具有的影响力；③领导的目的是通过影响部下来达到组织的目标。

领导和管理的关系如何？从本质上说，管理是建立在合法的、有报酬的和强制性权力基础上对下属命令的行为。下属必须遵循管理者的指示。在这一过程中，下属可能尽自己最大的努力去完成任务，也可能只尽一部分努力去完成工作。而领导可能建立在合法的、有报酬的和强制性的权力基础上，但是，更多的是建立在个人影响权和专长权以及模范作用的基础上。据研究，主管人员的职权管理只能发挥职工能力的 60% 左右，主管人员引导和鼓励能激发职工能力的 40% 左右。一个人可能既是管理者，也是领导者，但是，管理者和领导者两者分离的情况也是有的。一个人可能是领导者，但并不是管理者。非正式组织中最具影响力的人就是典型的例子，组织没有赋予他们职位和权力，他们也没有义务去负责企业的计划和组织工作，但他们却能引导和激励，甚至命令其他职员。一个人可能是管理者，但并不是领导者。领导的本质就是被领导者的追随和服从，它不是由组织赋予的职位和权力所决定的，而是取决于追随者的意愿。因此，有些具有职权的管理者可能没有部下的服从，也就谈不上真正意义上的领导者。从企业的工作效果来看，应该选择好的领导者从事企业的管理工作。非正式组织中有影响力的人参与企业正式组织的管理，会大大提升管理的成效。不具备领导才能的人应该从管理队伍中剔除或减少。

2. 领导的作用

在带领、引导和鼓舞部下为实现组织目标而努力的过程中，领导者要发挥指挥、协调和激励三个方面的作用。

（1）指挥作用

在人们的集体活动中，需要有头脑清晰、胸怀全局，能高瞻远瞩、运筹帷幄的领导者帮助人们认清所处的环境和形势，指明活动的目标和达到目标的途径。领导者只有站在群众的前面，用自己的行动带领人们为实现目标而努力，才能真正起到指挥作用。

（2）协调作用

在许多人协同工作的集体活动中，即使有了明确的目标，但因个人的才能、理解能力、工作态度、进取精神、性格、作风、地位等不同，加上外部各种因素的干扰，人们在思想上发生各种分歧、行动上出现偏离目标的情况是不可能避免的。因此就需要领导者来协调人们之间的关系和活动，把大家团结起来，朝着共同的目标前进。

（3）激励作用

尽管大多数人都有积极工作的愿望和热情，但是这种愿望并不能自然地变成现实的行动，这种热情也未必能自动地长久保持下去。在复杂的社会生活中，企业的每一位职工都有各自不同的经历和遭遇，困难、挫折或不幸必然会影响工作的热情。使每一位职工都保持旺盛的工作热情、最大限度地调动他们的工作积极性、引导不同岗位上的职工朝同一个目标努力、协调这些职工在不同时空的贡献，是领导者在组织和率领职工为实现企业目标而努力工作的过程中必须发挥的作用。

（二）领导者的素养

领导者的素质是指在先天禀赋的生理素质基础上，通过后天的实践锻炼、学习而成的，在领导工作中经常起作用的那些内在要素的总和。修养指的是一个人在思想道德、知识、技能方面达到一定水平所要经历的长期学习和实践的过程。领导者的素质修养，指的是为达到有效的领导目标所要求的水平、素质而做的自我努力过程，简称为素养。领导者的素养包含以下基本内容：

1. 品德素养

对一个领导者的素养要求是多方面的，品德素养始终是首位的。作为一名优秀的领导者，其品德应超过被领导的下属，越是高层，品德要求越高。这是因为：首先，一个人的品德会直接影响自己的心理和行为，一个人的能力不仅取决于他的才智，更重要的是取决于他的品德；其次，领导者的品德会直接影响下属在工作中的心理和行为，孔子曰："其身正，不令则从；其身不正，虽令不从。"领导者的高尚品德，是无声的命令，比有声的行政命令要起更大的作用。可以说，领导的艺术首先取决于领导的品德，自身不正，就不能指望发动他人去执行决策。

与智商相提并论的情商，是领导者人格魅力的另一主要来源。领导者应一心为公、不谋私利、谦虚谨慎、戒骄戒躁、不文过饰非，严于解剖自己，实事求是、不图虚名。应艰苦朴素，与群众同甘共苦，不搞特殊化，模范遵守规章制度和道德规范；更要平等待人、和蔼可亲、心胸开阔、不计较个人恩怨，密切联系群众，关心群众疾苦，一视同仁。

2. 知识素养

（1）广博的科学文化知识

广博的知识、文化能有效地辅助领导者塑造其深厚的底蕴，诸如，心理学、人才学、行为科学、社会学、经济学、法学、史学、美学、文学等，都是形成领导力的无尽源泉。作为领导者应该注重随时随处的点滴积累，积小流成江海，形成丰富的学养，厚积而薄发。

（2）专业知识和管理知识

领导者应掌握本行业、本企业的相关专业知识，熟悉本企业的产品结构和制造工艺，了解科研和技术的发展方向。应懂得管理的基本原理、方法和各项专业管理的基本知识。此外，还应学习管理学、统计学、会计学、经济法、财政金融和外贸等方面的基本知识，了解国内外管理科学的发展方向。

3. 能力素养

（1）领导者的综合能力

领导者的综合能力包含许多具体内容，可以从以下四个方面来理解：

① 信息获取能力

领导者应能在纷繁复杂的众多信息中，透过现象看本质，抓住主要矛盾，运用逻辑思维，进行有效的归纳、概括、判断，及时获得最有效的信息。

② 知识综合能力

成功的领导是科学理论和实践经验相结合的产物，是一门综合性很强的艺术。领导者必须具备灵活性、创造性地综合运用各种知识的能力。

③ 利益整合能力

国家、集体与个人之间，领导者、管理者与普通员工之间，企业与政府之间等，不同利益主体的各自利益常常在某些时候产生矛盾和冲突。领导者必须有能力调整和协调各种利益关系，消除矛盾冲突，使不同人群或地域的利益达到整合。

④ 组织协调能力

领导者应熟悉并善于运用各种组织形式，善于运用组织的力量，协调企业内外各种人力、物力和财力，以期达到综合平衡，获得最佳效果。

（2）领导者的创新能力

领导者的创新能力有多种表现：①洞察力。敏锐、迅速、准确地抓住问题要害的能力；②预见力。超前把握事态发展趋势的能力；③决断力。迅速做出选择、下定决心、形成方案的能力，也就是实际的决策能力；④推动力。善于激励下级实现创新意图的能力；⑤应变力。在事物发展的偶然性面前善于随机处理的能力；⑥辩才力。善于识别和起用人才的能力。

4. 心理素养

领导者的心理素养，主要是指领导者应该具有的个性品质类型，表现在以下三个方面：

（1）敢于决断的气质

领导者必须具有决断的魄力，敢于决断不是盲目武断，而是要有切实的情报工作和细致的方案比选。俗话说"一将无谋，累死千军"。领导犹豫不决，是无法动员下属全力以赴地去工作的。

（2）竞争开放的个性

领导者需要具有充满自信、豁达乐观，乐于进取、勇于竞争，临变不乱、多谋善断等心理素质，以良好的心理状态投入竞争环境，要养成善于与人交往，倾听各方面意见的开放型性格。对上，要尊重，争取帮助和支持；对下，要谦虚，平等待人；对内，要有自知之明，知道自己的长处和短处；对外，要热情、公平、客观。

（3）坚韧不拔的意志

在当前飞速发展的新形势下，领导者必然要面临许多新情况、新问题，既无前人的经验可借鉴，也无现成的公式可套用，特别是在遇到挫折、走弯路的时候，作为一名领导者绝不能悲观、失望、气馁，要以领导者坚韧不拔的意志从中吸取教训，解除症结。领导者只有在自己的认知心理上树立起必胜的信心，才能冲破前进中的惊涛骇浪，到达胜利的彼岸。

（三）领导方式及其理论

1. 领导方式的基本类型

早期对领导方式的分类是根据领导者如何运用他们的职权来划分的，领导方式的基本类型有以下三种：专权型领导、民主型领导和放任型领导。

（1）专权型领导

所谓专权型领导，是指领导者个人决定一切，布置下属执行。这种领导者要求下属绝对服从，并认为决策是自己一个人的事情。

（2）民主型领导

所谓民主型领导，是指领导者发动下属讨论，共同商量，集思广益，然后决策，要求上下融洽，合作一致地工作。

（3）放任型领导

所谓放任型领导，是指领导者撒手不管，下属愿意怎样做就怎样做，完全自由。他的职责仅仅是为下属提供信息并与企业外部进行联系，因此有利于下属的工作。

领导方式的这三种基本类型各具特色、适用于不同的环境。领导者要根据所处的管理层次、所担负的工作性质以及下属的特点，选择不同的领导方式。

2．连续统一体理论

美国学者坦南鲍姆（R. Tannenbaum）和施米特（W. H. Schmidt）认为，领导方式是多种多样的，从专权型到放任型，存在着多种过渡形式。根据这种认识，他们于1958年提出了领导方式的连续统一体理论（见图2-10）是这种理论的基本内容和观点。

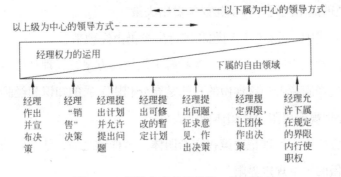

图 2-10　领导方式的连续统一体理论

图中列出了七种典型的领导方式：

（1）经理做出并宣布决策

在这种方式中，上级确认一个问题，考虑各种可供选择的解决方法，从中选择一个，然后向下属宣布，以便执行。他可能考虑也可能不考虑下属对他的决策的想法，但不管怎样，他不给下属参与决策的机会。下级只能服从他的决定。

（2）经理"销售"决策

在这种方式中，如同前一种方式一样，经理承担确认问题和做出决定的责任，但他不是简单地宣布这个决策，而是说服下属接受他的决策。这样做是表明他意识到下属中可能有某些反对意见，他企图通过阐明这种决策给下属带来的利益以消除这种反对。

（3）经理提出计划并允许提出问题

在这种方式中，经理做出决策，并期望下属接受这个决策，但他向下属提供一个有关他的想法和意图的详细说明，并允许提出问题，这样，他的下属可以更好地了解他的意图和计划。这个过程使经理和他的下属能深入探讨这个决策的意义和影响。

（4）经理提出可修改的暂定计划

在这种方式中，允许下属对决策发挥某些影响作用，但确认问题和决策的主动权仍操纵在经理手中。他先对问题进行考虑，并提出一个计划，但只是暂定的计划，然后把这个计划交给有关人员征求意见。

（5）经理提出问题，征求建议，做出决策

在这种方式中，虽然确认问题和进行决策仍由经理来进行，但下属有建议权。下属可以在经理提出问题后，提出各种解决问题的方案，经理从他自己和下属提出的方案中选择满意者。这样做的目的是充分利用下属的知识和经验。

（6）经理规定界限，让团体做出决策

在这种方式中，经理把决策权交给团体。这样做之前，他解释需要解决的问题，并给要做的决策规定界限。

（7）经理允许下属在规定的界限内行使职权

在这种方式中，团体有高度的自由，唯一的界限是上级所做的规定。如果上级参与了决策过程，也往往以普通成员的身份出现，并执行团体所做的任何决定。

坦南鲍姆和施米特认为，上述方式孰优孰劣没有绝对的标准，成功的经理不一定是专权的人，也不一定是放任的人，而是在具体情况下采取恰当行动的人。当需要果断指挥时，他善于指挥，当需要职工参与决策时，他能提供这种可能。

只有这样，才能取得理想的领导效果。

3. 管理方格理论

管理方格理论是研究企业的领导方式及其有效性的理论，由美国得克萨斯大学的行为科学家罗伯特·布莱克（Robert R. Blake）和简·莫顿（Jane S. Mouton）提出。管理方格图如下（见图2-11）。

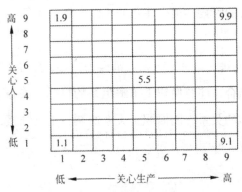

图2-11　管理方格图

管理方格图是纵轴和横轴各九等分的方格图，纵轴和横轴分别表示企业领导者对人和对生产的关心程度。第1格表示关心程度最小，第九格表示关心程度最大。全图总共81个小方格，分别表示"对生产的关心"和"对人的关心"这两个基本因素以不同比例结合的领导方式。其中最典型的有五种：

（1）1.1型

1.1型为贫乏型的管理。企业领导者对职工和生产几乎都漠不关心，职工只以最小的努力来完成必须做的工作。这种领导方式将会导致失败，这是很少见的极端情况。

（2）1.9型

1.9型为俱乐部型的管理。在这类管理中，主管人员很少甚至不关心生产，而只关心人。他们促成一种人人得以放松、感受友谊与快乐的环境，而没有人关心去协同努力以实现组织的目标。

（3）5.5型

5.5型为中间型管理。这种领导对人的关心度和对生产的关心度虽然都不算高，但是能保持平衡。一方面能比较注意管理者在计划、指挥和控制上的职责，另一方面比较重视对职工的引导鼓励，设法使他们的士气保持在必需的满意的水平上。但是，这种领导方式缺乏创新精神，只追求正常的效率和满意的士气。

（4）9.1 型

9.1 型为任务第一型的管理，领导作风是非常专制的，领导集中注意于对生产任务和作业效率的要求，注重于计划、指导和控制职工的工作活动，以完成组织的目标，但不关心人的因素，很少注意职工的发展和士气。

（5）9.9 型

9.9 型为团队式管理，即对生产和人都极为关心，努力使职工个人的需要和组织的目标最有效地结合，注意使职工了解组织的目标，关心工作的成果。建立职工和企业命运共同体的关系，因而职工关系协调，士气旺盛，能进行自我控制，生产任务可以完成得极好。

二、激励的职能

激励是管理的一项重要职能，是组织激发员工做好工作的关键，所有管理者都必须对其高度重视。

（一）激励概述

1. 激励的含义

管理学中所谓的激励是指组织激发员工的动机，诱导员工的行为，使其产生一种内在的动力，朝着组织所期望的目标而不断努力的过程。我们可以把激励看作是满足人的某种需求的过程，需求引起动机，动机产生行为，行为又指向一定的目标。因此，要研究激励问题，就有必要弄清楚需求、动机和行为这三者之间的关系。

2. 需求、动机、行为之间的关系

心理学家发现，人们之所以会产生某种特定的行为是因为有动机。人们从事某项工作积极性的高低，完全取决于去做这项工作的动机以及动机强弱的程度。

动机（Motivation）是指推动个体采取行动的内部驱动力，这种驱动力是由于需求没有得到满足而产生的紧张状态引起的，它是一种内在的力量。从心理学的

角度来讲，动机是由需求引发的。人之所以愿意做事，是因为做这件事本身可以满足其个人的某种需求。这里的需求，是指人们对某种目标的渴求和欲望，包括基本的需求，如生理需求和物质需求，以及高层次的需求，如社会需求和精神需求。因此，需求、动机和行为之间的关系可描述为：行为是建立在需求和动机的基础上的，需求使人产生某种动机，动机诱发人们采取某种行为。

（二）主要的激励理论

激励作为管理学中一个非常重要的研究内容，很早就引起了心理学家、行为学家和管理学家们的研究兴趣。学者们从不同的角度对激励的因素和产生激励的行为进行研究并取得了丰硕的研究成果，提出了不同研究视角下的激励理论，主要有 5 个代表性的激励理论：

1. 需要层次理论

美国心理学家马斯洛（Maslow）于 1943 年提出了著名的需要层次理论。马斯洛认为，人的需要可分为五个层次，即生理需要、安全需要、社会需要、尊重需要和自我实现需要（见图 2-12）。这五种需要的具体含义如下：

图 2-12　马斯洛的需要层次理论

（1）生理需要是人最原始、最基本的需要，它包括衣、食、住、行等方面的生理需要。

（2）安全需要是有关免除危险和威胁从而获得安全感的各种需要。它包括人们对人身安全、工作和生活环境安全、就业保障、医疗保障、养老保障、工伤保障等的需要。

（3）社会需要主要包括社交的需要、归属的需要以及对爱与被爱、友谊和被接纳的需要。

（4）尊重需要分为内部尊重需要和外部尊重需要这两个部分，内部尊重需要指的是人们对自尊、自主和成就等的需要；外部尊重需要指的是人们对来自外部的认可、关注和地位等的需要。如果人的这种需要得不到满足，就会产生自卑感，从而失去自信心。

（5）自我实现需要是最高层次的需要，是个人为实现理想和抱负，最大限度地发挥个人潜力的需要。

上述五种需要是按从低级到高级的层次组织起来的，只有当较低层次的需要得到了满足，较高层次的需要才会出现并要求得到满足。一个人生理上的迫切需要得到满足后，才能去寻求保障其安全，也只有在基本的安全需要获得满足之后，社会需要才会出现，并要求得到满足，以此类推。马斯洛写道："假如大部分时间我们都饥肠辘辘，假如我们不断地被干渴所困扰，假如我们连续地受到一个始终迫在眉睫的灾难的威胁，或者，假如所有的人都恨我们，我们就不会要去作曲、发明数学方法、装饰房间或者打扮自己。"[①]

马斯洛并没有说人在较低层次的需要完全得到满足之后，才会产生高一层次的需要，而只是说，人的各种需要存在高低顺序，或者说各种同时出现的需要中存在优势需要。就一般情况而言，只有在比某一层次需要的更低层次的需要得到满足或部分得到满足后，该层次的需要才会成为优势需要。人作为有欲望的动物，其行为受需要驱使，但需要什么取决于已经有了什么，只有未被满足的需要才影响人的行为。换句话说，已经满足的需要，不再是优势需要，也不再是行为的决定性力量。

马斯洛需要层次理论由于其直观和易于理解而得到了广泛的认可，尤其是在从事实际工作的管理者中得到了广泛的应用。该理论为思考需要和动机提供了一种有用的结构，但是也有其局限性。首先，它具有简单化的倾向，忽略了需要强度的因素。此外，马斯洛需要层次在跨国文化中或许是不一致的。有研究支持在

---

①马斯洛. 自我实现的人[M]. 许金声，刘铮，等译. 北京：三联书店，1987.

东方文化中有不同的需要层次。东方文化更多地强调注重社会需要以及所属群体的需要，较少地注重自我需要以及自我实现。不同的文化对自我有着不同的概念，而对自我的概念有可能影响他们对自我实现的注重与否。同时，这一理论缺乏实证基础，没有支持其假设的验证性材料。

马斯洛的需要层次理论虽然存在一定的局限性，但是在实际的管理工作中还是具有很高的应用价值。管理者必须清楚下属的主导需要是什么，如对一个家境富裕的员工来说，奖金的激励作用往往不如职位上的晋升更有效，而对于另一个员工来说，情况可能恰好相反。所以管理者在管理工作中可以应用马斯洛的需要层次理论，明确员工的主导需要，并制定有针对性的激励措施。

2. 双因素理论

双因素理论即"激励—保健"理论。双因素理论是由美国心理学家赫茨伯格于1959年提出来的。20世纪50年代末期，赫茨伯格和他的同事们对匹兹堡附近一些工商业机构中的约200位专业人士做了一次调查，主要是想了解影响人们对工作满意和不满意的因素。结果发现，导致人们对工作满意的因素主要有五个：成就、认可、工作本身的吸引力、责任和发展。导致人们对工作不满意的主要因素有：企业政策与行政管理、监督、工资、人际关系及工作条件等。

赫茨伯格将导致人们对工作不满意的因素称为保健因素，将引起工作满意感的一类因素称为激励因素。保健因素，诸如规章制度、工资水平、福利待遇、工作条件等，对人的行为不起激励作用，但这些因素如果得不到保证，就会引起人们的不满，从而降低工作效率。激励因素，诸如职位晋升、工作上的成就感、个人潜力发挥等，则能唤起人们的进取心，对人的行为起激励作用。双因素理论认为，激励因素和保健因素彼此独立，并以不同的方式影响着人们的行为。保健因素缺乏会使人产生很大的不满足感，但它们也不会产生很大的激励作用。激励因素使人们产生满足感，而缺乏它们人们也不会产生太大的不满足感。

双因素理论给我们的启示：物质需要的满足是必要的，没有它会导致员工的不满，但是即使获得满足，它的作用也往往是很有限的，并不能对员工产生有效的激励作用。因此，要想真正激发员工的工作积极性和主动性，企业不仅要注意物质利益和工作条件等保健因素，更需要注意激励因素。企业要为员工创造有利于他们做出贡献与取得成就的工作条件和机会，丰富工作内容，让员工感受到工作的趣味性，并赋予必要的责任。要让员工从工作中获得成就感，获得企业及他人的承认。

3. 强化理论

强化理论是由美国心理学家、行为科学家 B.F.斯金纳（B.F.Skinner）等人提出的，又称"行为修正理论"。斯金纳研究了动物和人的行为后发现，人或动物为了达到某种目的，会采取一定的行为。当这种行为的结果对自身有利时，该行为就会重复出现，当这种行为对自身不利时，该行为就会减弱或消失。斯金纳认为这是环境对行为强化的结果。

强化理论中的"强化"是指不断通过改变环境的刺激因素来达到增强、减少或消除某种行为的过程。强化的具体方式包括正强化和负强化。

所谓正强化，就是奖励那些符合组织目标的行为，以便使这些行为得到进一步的加强，从而有利于组织目标的实现。正强化的刺激物不仅包含奖金等物质奖励，还包含表扬、改善工作关系等精神奖励。

所谓负强化，就是惩罚那些不符合组织目标的行为，以使这些行为削弱直至消失，从而保证组织目标的实现不受干扰。负强化一方面包含给予行为当事人某些他不喜欢的东西或是取消他所喜欢的东西，如罚款、批评、降级、解聘、减少奖酬等惩罚手段。实施负强化的方式与正强化有所差异，应以连续负强化为主，即对每一个不符合组织的行为都应及时予以负强化，消除人们的侥幸心理，减少直至完全避免这种行为重复出现的可能性。

正强化给人以愉快的刺激，使人们产生一种强大的进取效应。负强化给人以不愉快的刺激，人们对不愉快的刺激会产生一定的抵制情绪。如果给予同一个人过多的负强化，他往往不从自身找原因，反而认为是管理者故意跟他过不去，或形成"逆反心理"，偏偏对着干。所以，管理者在不得不对员工进行负强化时，要特别注意技巧。

4. 期望理论

期望理论是美国行为学家维克多·弗鲁姆（Victor Vroom）提出的。该理论认为：一种行为倾向的强度取决于个体对这种行为带来的结果的期望强度以及这种结果对行动者的吸引力，人们只有在预期他们的行为会给个人带来既定的成果且成果具有吸引力时，才会被激励起来去做某些事情。

一个人从事某项工作的动力（激励力）的大小，取决于该项活动所产生的成果的吸引力和获得预期成果的可能性（概率）这两个因素。用公式表达为：

$$激励力=效价×期望值$$

效价就是某项活动所产生的成果的吸引力。吸引力不在于预期成果本身，而在于成果能否满足行动者的需要，是行动者个人的主观评价。同样的工作成果或结果对不同的人而言，吸引力的大小是不同的。例如，领导告诉职工，完成某项工作任务，将给予 1000 元的奖金，这 1000 元就是预期成果。对于急需钱或金钱欲望很强的人来说，这一成果的吸引力是很大的，效价很高，对于腰缠万贯或没有金钱欲望的人来说，这一成果的吸引力就很小甚至为零，效价很低。

期望值就是获得预期成果的可能性，这往往与行动者自身的能力和环境条件有关系。如果成果很诱人，效价很高，但我们却力所不能及，或周围的条件不允许，只能是可望而不可即，期望值就很低甚至为零，随之激励力也很低甚至为零。因此，只有当效价高且期望值大时，才会产生强烈的激励效果。

在实际的管理过程中，管理者要激励员工去做某件事，首先要了解他的主导需要，设置效价较高的"成果"，这样可以用较低的成本获得较大的动力。同时帮助员工提高能力，为他们创造必要的条件，提高他们的期望值，从而可以提高激励力。

第三章　企业战略管理理论分类与手段

第一节　企业战略的基本概述

一、企业战略的概念

（一）战略的定义

在西方，战略（Strategy）一词源于希腊语"Strategos"，意为军事将领、地方行政长官。后来演变成军事术语，指军事将领指挥军队作战的谋略。在中国，"战略"一词历史久远，"战"指战争，"略"指谋略。如今"战略"一词被引申至政治和经济领域，其含义演变为泛指统领性的、全局性的、左右胜败的谋略、方案和对策。

长期以来，虽然人们一直在争论军事战略原理对企业的普通适用性，但是，越来越多的人承认军事战略对企业管理有重要的借鉴作用。正因如此，自1965年美国的安索夫（H.L.Ansoff）发表《企业战略论》以来，企业战略一词得到了越来越广泛的应用，越来越多的学者对企业战略管理的理论展开了深入的研究，企业战略的内涵也在研究中不断得到丰富和完善。

（二）企业战略的定义

企业战略是指企业管理者根据环境的变化、自身的资源和竞争实力确定适合企业发展的经营领域和长远目标，以及为实现这些目标所采取的相应措施和行动方案。

在理解企业战略的概念时，需要注意以下几点：①企业战略是对未来发展的整体规划；②企业战略具有明确的目标；③企业战略的根本作用是帮助企业维持并增加市场竞争的优势。

综合多个战略管理学派及战略管理学者的观点，我们认为：企业战略是以企业未来为基点，为寻求和维持持久竞争优势做出的有关全局的重大筹划和谋略。

理解这个概念，需要把握以下几点。①企业未来的生存和发展问题是企业制定战略的出发点和归宿。企业不仅需要了解企业本身及所处行业的过去和现在，还要关注其内外部环境的动态变化，从而把握这种变化的趋势；②战略应为企业确定一个长期的、一致的目标。这种目标不仅指明未来的发展方向、引导资源的配置，并且有助于协调不同部门和个人之间的活动，增强组织的凝聚力；③企业战略应是在经营活动中有目的、有意识地制定的，它应能适应环境变化带来的挑战，同时也能利用环境变化所带来的机遇；④战略的实质在于帮助企业维持持久的竞争优势，这种竞争优势能给企业带来高于行业平均利润水平的利润，从而使企业获得良性的可持续发展。

二、企业战略的特征

根据上文对企业战略的定义可以看出，企业战略具有如下特征：

（一）指导性

企业战略界定了企业的经营方向、远景目标，明确了企业的经营方针和行动指南，并筹划了实现目标的发展轨迹及指导性的措施、对策，在企业经营管理活动中发挥着重要的导向作用。

（二）全局性

企业战略面向未来，通过对企业内外部环境的深入分析，结合自身资源，站在系统管理的高度，对企业的远景发展轨迹进行了全面的规划。

（三）长远性

企业战略为企业确立了长远的奋斗目标，是对企业未来一个较长时期的发展规划。企业战略注重的是长远的根本利益，而不是眼前的短期利益。

（四）竞争性

企业战略的根本目的是提高企业的竞争实力，以便在激烈的市场竞争中获得一席之地。因此，企业战略必须以竞争为导向。

（五）风险性

企业战略是在对未来与企业相关的各种内外部环境及资源预测的基础上，做出的与企业整体发展相关的，指导一系列企业活动的方针部署。未来的发展具有一定的未知性与不确定性，所以在此基础上制定的企业战略具有一定的风险性。

（六）相对稳定性

企业战略是对企业长远发展的总体谋划，一经制定必须保持一定的稳定性。朝令夕改，将会使企业的管理陷入混乱之中。但这种稳定性是相对的，当企业的经营环境发生变化时，企业战略也应适时进行变化和调整。

三、企业战略的要素

关于战略的构成要素，不同的学者有不同的见解。一般认为，企业战略主要包括以下四个要素：

（一）经营范围

经营范围是指要明确企业所从事的生产经营活动的领域，即企业应在哪些领域中经营。企业经营范围的确定，应该着重考虑与企业最密切相关的环境，根据企业所处的宏观环境、行业环境、生产的产品和市场等来确定经营范围。

（二）资源配置

资源配置是指企业中各种资源配置的状况。企业有形资源和无形资源的合理配置形成企业的能力，从企业所拥有的各种能力出发，企业可以发掘出自身的核心能力。资源是企业一切生产经营活动的基础。资源贫乏或配置不合理，将限制企业的经营活动，影响企业战略目标的实现。研究发现，大多数成功的企业在针对外部环境的变化考虑采取相应的战略行动时，都对已有的资源配置进行了不同程度的调整，以支持企业总体的战略目标。

（三）竞争优势

竞争优势是指企业通过确定资源配置与经营范围，所形成的在市场上与竞争对手不同的竞争地位。竞争优势既可以来自产品和市场的定位，也可以来自企业对特殊资源的运用。产品和市场的定位对于企业总体战略非常重要，资源配置在企业经营战略中发挥着相当重要的作用。

（四）协同作用

协同作用是指企业从资源配置和经营范围的决策中所能寻求到的各种共同努力的效果。协作不仅可以产生积极作用，即企业总体资源的收益大于各部分资源收益之和，也可以产生消极作用。例如，当企业在新的领域进行多种经营时，新行业的环境条件与过去的经营环境是截然不同的，以往的管理经验发挥不了作用，在这种情况下，管理协作便会产生消极作用。企业可以通过评价由于联合经营而使企业成本下降的程度，或由于联合经营而使企业纯收入增加的程度，来衡量协作的效果。

总之，企业战略的构成要素对企业的生产经营有重要影响。它们存在于企业各个层次的战略之中。企业战略的层次不同，构成要素的相对重要程度也不同。

四、企业战略的层次

一般来说，一个企业的战略可以分为三个层次，即公司战略、经营（竞争）战略和职能战略（见图 3-1）。

图 3-1　企业战略的层次

（一）公司战略

公司战略是企业总体的、最高层次的战略。公司战略应着重解决两个方面的问题。一是从公司全局出发，根据外部环境的变化及企业的内部条件，选择企业所从事的经营范围和领域，即要回答这样的问题：我们的业务是什么，我们应当经营什么方面的业务。二是在确定所从事的业务范围后，在各项业务之间进行资源分配，以实现公司整体的战略意图，这也是公司战略实施的关键措施。

（二）经营战略

经营战略也称竞争战略或一般战略，主要解决在总体战略的指导下，企业的某一项特定业务如何与竞争对手展开竞争的问题，即主要解决竞争手段问题。它是企业赖以生存和与竞争对手争夺市场的基本工具。

（三）职能战略

职能战略是指在特定的职能管理领域制定的战略。在既定的战略条件下，职能部门根据职能战略采取行动，集中各部门的潜能，支持和改进企业战略的实施，保证企业战略目标的实现。与总体战略或经营战略相比较，职能战略更为详细、具体。它是由一系列详细的方案和计划构成的，涉及经营管理的所有领域，包括财务、生产、销售、研究与开发、公共关系、采购、储运、人事等各个部门。职能战略是经营战略的延伸和细化，使经营战略更为具体、充实与完善。如果说公司战略和经营战略强调做正确的事情的话，那么职能战略则强调将事情做好。职能战略直接处理提高生产和营销系统的效率、顾客服务的满意度、特定产品或服务市场占有率等一系列问题。

公司战略、经营战略和职能战略是企业战略不可或缺的组成部分，它们之间相互联系、相互配合，每一层次的战略构成下一层次的战略环境，同时，低一层次的战略又为高一层次战略的实现提供保障和支持。

五、企业战略管理过程

企业的战略管理是对一个企业的未来发展方向制定决策和实施这些决策的动态管理过程。一个完整的战略管理过程大体可分解为三个阶段，即战略分析阶段、战略选择与评价阶段、战略实施及控制阶段。企业的战略管理过程如图 3-2 所示。

图 3-2　企业战略管理过程

（一）战略分析

战略分析是指对企业的战略环境进行分析、评价，并预测这些环境未来发展的趋势，以及这些趋势对企业造成的影响。

（二）战略选择与评价

战略选择与评价过程实质就是战略决策过程，即制定多个可以实现组织目标的战略方案，并按照某些评价标准从中选择一个最优方案的过程。

（三）战略实施与控制

一个企业的战略方案确定后，必须通过具体化的实际行动，才能实现战略及战略目标。为有效实施战略，不仅需要制定相关的职能战略，还需要对组织结构进行相应的变革，以及领导者用强有力的措施保障战略的有效执行。同时，为了使实施中的战略达到预期目的，实现既定的战略目标，还必须对战略的实施进行控制。这就是说将通过信息反馈回来的实际成效与预定的战略目标进行比较，如有偏差，即采取措施加以纠正。

第二节　企业战略的具体分类

基于不同的研究视角，学者们将企业战略分为多种类别，这常使学习者甚至一些企业管理者感到困惑和无所适从，因此有必要对此进行梳理。总体来看，企业的战略可划分为以下三大类型，即总体战略、竞争战略和职能战略。其中总体战略主要包括成长型战略、稳定型战略、紧缩型战略和混合型战略；竞争战略主要是指迈克尔·波特教授提出的一般战略，包括总成本领先战略、差异化战略和集中化战略；职能战略根据企业经营管理的具体职能进行划分，分类较为明确，主要包括营销战略、财务战略、研究开发战略、生产战略和人力资源开发战略等。

一、总体战略

总体战略又称公司层战略，是企业最高管理层制定的企业战略总纲，属于最高层次的战略。企业战略决定了企业的发展方向和总体目标，并确定了企业的重大方针、经营计划、经营业务类型以及企业的社会责任等。进一步细分，总体战略又可分为成长型战略、稳定型战略、紧缩型战略和混合型战略这四种。

（一）成长型战略

成长型战略以发展为核心，是使企业在现有战略的基础上向更高一级目标发展的一种战略态势。例如，通过开发新产品、开拓新市场来扩大市场规模。通过采用新的管理方式、生产方式等来提高效率，进而提高市场地位，等等。可供选择的成长型战略主要有密集型成长战略、一体化成长战略和多元化成长战略。

1. 密集型成长战略

成长战略也称专业化成长战略，是指企业将所拥有的全部资源都集中于最具优势或最为看好的某种产品或服务上，力求将其做大做强。具体策略是企业在保持原有产品或业务项目不变的基础上，通过扩大生产经营规模、开拓新市场、渗透老市场、开发新产品等手段来提高竞争优势。密集型成长战略又可分为市场渗透战略、市场开发战略和产品开发战略这三种形式，下面分别进行介绍：

（1）市场渗透战略是指企业通过加大营销投入，提高其产品或服务在目标市场上的销量和市场份额，从而通过规模效应获得更强的竞争实力。市场渗透战略的具体做法包括增加销售人员，增加广告投入，采取广泛的促销手段，加大公关宣传力度等。

（2）市场开发战略是指企业将现有的产品或服务打入新的地区市场或开发新的用户群体，通过扩大市场覆盖面以获得更多的顾客，从而扩大企业的经营规模，提高产品销量、收入水平和盈利水平。该战略的具体做法包括：开拓新的地区市场，进入新的细分市场，开发产品的新用途。例如，日本松下公司在将本国市场已经饱和的黑白电视机和老型号的彩色电视机推向国外市场时，采用的就是这种战略。

（3）产品开发战略是指企业在现有的市场上，通过改良现有产品或开发新产品来扩大销售量的战略。例如，近年来华为公司借助强大的研发实力率先推出 5G

智能手机，赢得了市场先机。

2．一体化成长战略

一体化成长战略是指企业利用社会化生产链中的直接关系来扩大经营范围和经营规模，在供、产、销方面实行纵向或横向联合的战略。一体化成长战略可分为横向一体化和纵向一体化两大类，其中纵向一体化又分为前向一体化和后向一体化两种类型。

前向一体化是指企业将生产经营向产业链的下游延伸，使企业的业务活动更加接近于最终的客户。如"双汇"集团原是一家肉联厂，主要从事生猪屠宰、冷藏业务，1992 年开始发展猪肉的深加工业务——生产火腿肠和各类熟肉制品，1999 年以后又涉足肉制品零售业务，在全国陆续设立多家"双汇"专卖店，向食品零售业发展。

后向一体化是指企业的生产经营范围向产业链的上游延伸，如肉类加工、零售企业进入生猪养殖领域就属于此类。

横向一体化也称水平一体化，是指企业为了扩大生产规模、降低成本、巩固现有的市场地位、提高企业竞争优势、增强企业实力等而与同行业的企业进行联合的一种战略，如视频网站优酷网与土豆网的合并，就属于此类。

3．多元化成长战略

多元化成长战略是指企业为更多地占领市场和开拓新市场，或为避免经营领域过于单一的风险而选择性地进入新的事业领域的战略。多元化成长战略可分为相关多元化战略和非相关多元化战略这两种类型。

相关多元化战略，又叫同心多元化战略，是指企业扩展的产品、业务项目与现有产品、业务项目之间，在生产、技术、市场营销等方面具有高度的相关性和同质性，从而使这些产品（业务）在价值链上形成有价值的战略匹配关系。它们可以共用企业的某类经营性"资产"或共同从事某一价值活动。例如，联合采购从而对共同的供应商形成更强的讨价还价力量，联合生产零配件从而使生产企业提高规模经济性，分享企业的生产和技术经验、某些设备或生产线，共享营销网络或顾客基础，共享品牌或商誉及对用户的服务联合等。这些都将带来范围经济，使企业节约成本，形成更强的竞争优势。例如，美的原来生产电风扇、空调等，后来逐步将产品生产经营范围扩展至电饭煲、微波炉等多种家用电器。各类产品在物资采购、生产技术、管理、市场营销方面具有高度的相似性或同质性，并可共用许多资源。相关多元化战略根据其关联的内容，还可细分出技术相关多元化战略、生产相关多元化战略、市场相关多元化战略等具体形式。

非相关多元化战略，又叫复合多样化战略，在该战略下，企业所扩展或增加的产品、业务项目与其原有产品、业务项目之间，在生产、技术、管理、市场营销等方面极少或根本不存在关联性，更无同质性，不存在有价值的战略匹配关系，跨行业发展经营特征明显。只要存在有吸引力的市场前景、财务收益以及能给企业带来商业风险的分散，非相关多元化战略就鼓励企业进入任何适当的产业及项目。例如，美国通用电气公司，从原来的只生产电灯泡发展成为经营家用电器、牵引机车、发电设备、金融服务、航空运输等业务的综合性企业。

（二）稳定型战略

稳定型战略是一种基本维持现状的战略，在该战略下，企业受限于内部资源或外部环境等因素，不准备或者不能够进入新的领域。该战略风险小，适合前期战略制定正确，过去经营状况稳定，所处行业有上升趋势，整体环境变化不大的企业。此外，一些凭借自身资源条件不足以进入新的发展时期的企业也采用相对保守的稳定型战略来规避风险。可选择的战略类型有无变化战略、维持利润战略、暂停战略、谨慎实施战略等。

（三）紧缩型战略

在该战略下，企业不是提高现有战略目标水平，而是实施战略收缩和撤退。相比于前两种战略，紧缩型战略属于消极战略，但并不意味着该战略不利于企业的发展，或许有时候企业只有采取以退为进的紧缩型战略才能抵御对手的进攻，留给自己更多调整的时间优化资源配置。该战略适合计划开拓新业务、需要放弃原有业务或者所处行业已经饱和的企业。可选择的战略类型有抽资转向战略、放弃战略、清算战略等。

（四）混合型战略

混合型战略即混合了上述三种战略的战略。一般为业务范围广的大型企业所采用。可选择的战略类型按子战略构成不同，可分为同一类型战略组合、不同类型战略组合；按战略组合顺序不同，可分为同时型战略组合、顺序型战略组合等。

二、竞争战略

根据美国哈佛大学教授迈克尔·波特的观点，竞争战略是指企业采取进攻或防守性行动，在产业内建立进退有据的地位，从而为企业赢得超常的投资收益。竞争战略主要分为三种，即总成本领先战略、差异化战略和集中化战略。

（一）总成本领先战略

总成本领先战略的理论基础是规模效益（即单位产品成本随生产规模增大而下降）和经验效益（单位产品成本随累计产品增加而下降）。其指导思想是通过有效的途径降低经营过程中的成本，使企业以较低的总成本赢得竞争的优势。此战略成功的关键在于，企业在满足顾客认为最重要的产品特征与服务的前提下，获得相对于竞争者的可持续性成本优势。需要注意的是，实施总成本领先战略的企业必须维持长久的低价优势，形成防止竞争者模仿的竞争壁垒。总成本领先战略与一般的低价竞争并不相同，后者往往以牺牲企业利润为代价，有时甚至亏本运营。

（二）差异化战略

差异化战略是指企业向顾客提供独具特色的产品或服务，用以满足顾客的特殊需求，从而形成竞争优势的一种战略。差异化战略是企业广泛采用的一种战略。事实上，一个企业将其产品或服务实施差异化战略的机会总是存在的，因为每个企业的产品或服务都不可能完全相同。但企业实施差异化战略不应盲目，应充分考虑到产品或服务的性质。例如，汽车和餐馆比一些高度标准化的产品，如水泥和小麦等，有更大的差异化潜力。

虽然企业可以通过各种方法实现产品或服务的差异化，但这并不意味着所有的差异化都能为顾客创造价值。企业实施差异化战略的目的在于创造产品或服务的独特性，以此来提高企业的市场竞争力和盈利水平，因此，企业必须分析顾客需要哪种差异化，以及这种差异化所创造的价值能否超过由此而增加的成本。为了保证差异化的有效性，企业必须注意以下两点：第一是必须了解自己拥有的资源和能力，以及能否创造独特的产品或服务；第二是必须深入了解顾客对差异化的需求和选择偏好。

（三）集中化战略

集中化战略又称专门化战略或目标集聚战略，是指企业将经营战略的重点放在一个特定的目标市场上，为特定的地区或特定的顾客提供特定的产品或服务。

与总成本领先战略和差异化战略不同的是，集中化战略是围绕一个特定的目标开展经营和提供服务。采用集中化战略的基本依据是企业能够比竞争者更有效地服务于特定的顾客群体。

三、职能战略

职能战略又称职能部门战略，是指为了贯彻实施和支持企业总体战略与竞争战略而在企业的特定的职能管理领域所制定的战略。职能战略通常包括生产战略、市场战略、研究开发战略、财务战略、人力资源开发战略等。如果说公司战略和经营战略强调"做正确的事情"的话，那么职能战略则强调"将事情做好"。职能战略往往处理一些具体的事情，如提高生产及市场营销系统的效率，提高对顾客服务的质量，提高产品或服务的市场占有率等。

第三节　企业战略的制定手段

企业战略制定过程包括战略分析（宏观环境分析、行业竞争环境分析、企业内部资源能力分析）、战略匹配和战略决策三个阶段。每个阶段所采用的分析工具和方法各不相同。

一、战略分析阶段采用的工具与方法

（一）外部因素评价矩阵

外部因素评价矩阵（External Factor Evaluation Matrix，EFE 矩阵），是一种对外部环境进行分析的工具，其做法是从机会和威胁两个方面找出影响企业未来发展的关键因素，根据各个因素影响程度的大小确定权数，再按企业对各关键因素的有效反应程度对各关键因素进行评分，最后算出企业的总加权分数。通过 EFE 矩阵，企业就可以把自己所面临的机会与威胁汇总，来描述企业的全部吸引力。现以某省图书行业发展的外部因素评价矩阵为例（见表 3-1）。

表 3-1　某省图书行业发展的外部因素评价矩阵

关键外部因素（KEF）	权重	评分	加权分数
机会			
1. 省内政策环境好	0.15	4	0.60
2. 省政府对民营企业提供融资便利	0.15	4	0.60
3. 市场环境逐渐变好	0.05	2	0.10
4. 民营书店不断增多	0.10	4	0.40
5. 新华书店规模大，应对困难	0.05	3	0.15
6. 外资进入还需要时间	0.05	2	0.10
威胁			
各地区消费水平不一样	0.15	3	0.45
图书行业管理体制不完善	0.10	3	0.30
政策引导、拉动的促进作用不明显	0.05	2	0.10
替代产品比较多	0.05	1	0.05
相关人才匮乏	0.05	3	0.15
企业规模小	0.05	2	0.10
总计	1		3.10

EFE 矩阵的加权分数为 3.10，高于平均水平 2.5，说明该省民营图书行业的现状能够对外部的机会和威胁做出反应，可以通过适当的方式去利用有利的机会并避开不利的威胁。

（二）竞争态势评价矩阵

竞争态势评价矩阵（Competitive Profile Matrix，CPM 矩阵）是一种较为常见的竞争战略分析工具，用于评价竞争者的特定优势与总体竞争实力。CPM 矩阵与 EFE 矩阵的权重和加权分数的含义相同。编制矩阵的方法也一样。但是，CPM 矩阵中的因素包括外部和内部两个方面的，评分高低则表示竞争企业的竞争实力强弱。在 CPM 矩阵中，竞争企业的评分和加权分数可以与被分析企业的相应指标相比较，这一比较分析可提供重要的内部战略信息。以某企业的竞争态势矩阵为例（见表 3-2）。

表 3-2　某企业的 CPM 矩阵

评分关键因素	权重	被分析的企业	被分析的企业	竞争企业	竞争企业
评分	权重	评分	加权分数	评分	加权分数
顾客服务	0.05	2	0.1	4	0.2
组织结构	0.05	2	0.1	3	0.15
价格竞争力	0.05	3	0.15	2	0.1
管理经验	0.3	1	0.3	4	1.2
市场份额	0.3	2	0.6	3	0.9
产品价值	0.05	3	0.15	2	0.1
财务状况	0.1	2	0.2	3	0.3
顾客忠诚度	0.1	1	0.1	4	0.4
合计	1		1.7		3.35

注：评分值中 1=弱，2=次弱，3=次强，4=强。

上述案例表明竞争企业的竞争实力较强，而被分析企业的竞争实力较弱。

（三）内部因素评价矩阵

内部因素评价矩阵（Internal Factor Evaluation Matrix，IFE 矩阵），是一种对内部因素进行分析的工具，其做法是从优势和劣势两个方面找出影响企业未来发展的关键因素，根据各个因素影响程度的大小确定权数，再按企业对各关键因素的有效反应程度对各关键因素进行评分，最后算出企业的总加权分数。通过 IFE 矩阵，企业就可以把自己的优势与劣势汇总，来描述企业的全部吸引力。

二、战略匹配阶段采用的工具与方法

(一) SWOT 矩阵

SWOT 矩阵，就是将企业的内部优势（Strengths）因素和劣势（Weaknesses）因素与企业外部机会（Opportunities）因素和威胁（Threats）因素，依据一定的次序，按矩阵形式排列起来，形成企业内外、部环境综合分析矩阵。SWOT 矩阵可以帮助战略管理者制定四类战略——SO 战略、WO 战略、ST 战略和 WT 战略，是一种广泛使用的战略制定和分析方法。在用该方法制定战略时，要对企业内部的优势、劣势和外部环境的机会、威胁进行综合分析，尤其需要将这些因素与竞争者加以比较，才能制定出有价值的企业战略方案。这种方法的基本分析程序如图 3-3 所示。

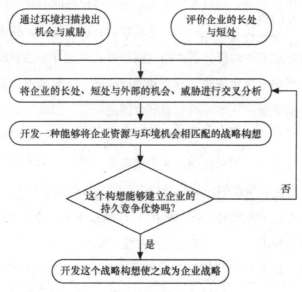

图 3-3　SWOT 矩阵的分析程序

(二) 大战略矩阵

大战略矩阵（Grand Strategy Matrix）是由市场增长速度和企业竞争地位两个指标所组成的一种矩阵，是在市场增长速度和企业竞争地位不同组合的情况下，指导企业进行战略选择的一种指导性矩阵（见图 3-4），它是由小汤普森与斯特里克兰根据波士顿矩阵修改而成的。

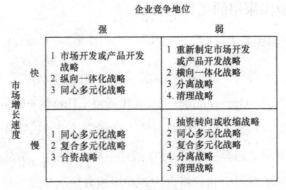

图 3-4　大战略矩阵

　　大战略矩阵的基本思想是，若企业竞争地位强，市场增长速度快，宜继续集中力量经营现有的业务，不宜轻易转移其既有的竞争优势。但如果企业资源除扩大，现有业务外还有剩余，则可考虑采用纵向一体化或同心多元化战略。若企业竞争地位弱，市场增长速度快，则必须认真评估其现有战略，找出绩效不佳的原因，判断有无可能使竞争地位转弱为强，四种可能的选择是重新制定市场开发或产品开发战略、横向一体化战略、分离和清理战略。一般来说，在迅速增长的市场中，即使弱小的企业往往也能找到有利可图的机会，因此应首先考虑重新制定市场开发或产品开发战略。如果企业通过上述措施仍无力获得成本效益，则可考虑采取横向一体化战略。如果企业再无力增强竞争地位，可考虑退出该市场或产品领域的竞争，若企业生产的产品品种较多，则可分离出耗费大、效益低的业务。最后，当某些业务很难盈利时，可以采取清理战略，以避免拖延造成更大的损害。

　　若企业竞争地位弱，同时市场增长速度慢，那么企业可以采取如下几种战略：抽资转向或收缩、同心多元化、复合多元化、分离和清理。其中，收缩型战略既能得到转移投资所需资金又能促使雇员提高工作效率，同心多元化或复合多元化战略便于企业进入有前途的竞争领域。如果能找到持乐观态度的买主，则可以采取分离战略或清理战略。

　　若企业的竞争地位强，但市场增长速度比较缓慢，那么，可以采取同心多元化或复合多元化战略来分散经营风险，同时利用原有的竞争优势。在这种情况下，跨国经营的企业最好采取合资战略，通过与东道国企业的合作，可以开拓有前途的新领域。

（三）内外要素匹配矩阵（IE 矩阵）

内外要素匹配矩阵是在通用电气公司提出的多因素业务经营组合矩阵基础上发展起来的。一般来说，内外要素匹配矩阵将整个组织的业务组合划分为 9 类，其中：横轴为从内部要素评价 IFE 矩阵得到的综合加权评价值，当该综合加权评价值为 1.0~1.99 时，代表企业内部的劣势地位，为 2.0~2.99 时，代表企业内部的中等地位，为 3.0~4.0 时，代表企业内部的优势地位。纵轴为从外部要素评价（EFE）矩阵得到的综合加权评价值，当该综合加权评价值为 1.0~1.99 时，代表企业面临着较严重的外部威胁，而当该综合加权评价值为 2.0~2.99 时，代表企业面临中等的外部威胁，当该综合加权评价值为 3.0~3.99 时，代表企业能较好地把外部威胁的不利影响减少到最低程支。IE 矩阵如图 3-5 所示。

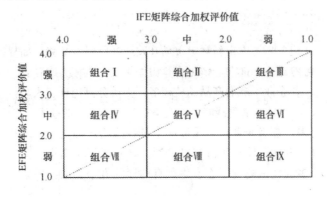

图 3-5　IE 矩阵

可以把 IE 矩阵分成具有不同战略意义的三个区间，每个区间包含三类业务组合，其中第一区间是 IE 矩阵对角线第Ⅲ、Ⅴ、Ⅶ格，该区间中组合所涉及的事业部，可以采取以坚守阵地与维持现状为主的战略；第二区间是 IE 矩阵对角线左上方的第Ⅰ、Ⅱ、Ⅳ格，该区间中组合所涉及的事业部，可以采取以加速成长与改进提高为主的战略；第三区间是 IE 矩阵对角线右下方的第Ⅵ、Ⅷ、Ⅸ格，该区间中组合所涉及的事业部，可以采取以获得尽可能大的短期利益为目标的近利战略或者放弃战略。

（四）波士顿矩阵（BCG 矩阵）

波士顿矩阵由美国著名的管理学家、波士顿咨询公司创始人布鲁斯·亨德森于 1970 年首创。又称市场增长率—相对市场份额矩阵、波士顿咨询集团法、四象限分析法、产品系列结构管理法等。

1. BCG 矩阵分析法的内容与划分方法

（1）划分经营领域

所谓划分经营领域即将企业的全部经营范围划分为若干个经营领域。这些经营领域的划分并无定式，主要是企业根据自身的实际情况来进行。例如，有些家电生产企业依据地域来划分，而有些家电生产企业则是根据产品来划分。

（2）评价经营领域

波士顿咨询公司提出使用市场增长率和相对市场份额来评价经营领域。其中，市场增长率是指某个领域的市场在若干年中的复合增长率或平均增长率，相对市场份额是在给定市场上企业在该经营领域的销售额与最大竞争者的销售额之比。

BCG 矩阵是以市场增长率为纵轴并以 10% 作为市场增长率高低的分界线，以相对市场份额为横轴并以 1.0 作为相对市场份额大小的分界线而绘制的（见图 3-6）。

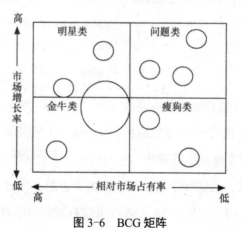

图 3-6　BCG 矩阵

（3）优化资源配置

BCG 矩阵生动地反映出企业经营结构的现实形态，也为优化资源配置提供了线索。波士顿咨询公司为矩阵中的每个方格分别取了名称，这些名称也反映出对经营领域评价的结果。这四个方格所代表的经营领域分别是明星类（Stars）、金牛类（Cash Cows）、问题类（Question Marks）和瘦狗类（Dogs）。

其中明星类代表高增长率、高市场占有率的经营领域；金牛类代表低增长率、高市场占有率的经营领域；问题类代表高增长率、低市场占有率的经营领域；瘦狗类代表低增长率、低市场占有率的经营领域。

波士顿咨询公司建议，企业应放弃瘦狗类经营领域，利用金牛类经营领域获取收益，有选择的转向一些问题类经营领域，使其发展为明星类经营领域。而明星类经营领域的市场增长率迟早会降低，届时明星类经营领域又变成了金牛类经营领域，从而使资源配置实现良性循环，以确保企业的长期收益水平。

2. 业务单位的投资战略选择

在对各战略业务单位进行分析之后，企业应着手制定业务投资组合计划，确定对各个业务单位的投资战略，可供选择的战略（表3-3）。

表3-3　应用波士顿矩阵的战略选择

区域类型	经营单位所需投资	经营单位营利性	经营单位战略选择
明星业务区	多	高	优先保证和发展
金牛业务区	少	高	维护/收获战略
问题业务区	非常多	低/没有/负值	扩大市场占有率/放弃/收获
瘦狗业务区	一般不投资	低/负值	放弃/清算战略

波士顿矩阵虽然是分析公司业务组合的一种简便有效的办法，但也有不足之处，主要体现在：①相对市场份额和市场增长率的理解和获得较难有统一的看法和精确的数据；②仅用相对市场份额和市场增长率来衡量复杂的业务环境也有偏颇，如过分地强调了市场份额对盈利能力的作用，实际上，营利能力还与其他因素有关；③BCG矩阵对业务的分类过于简单，对四大类产品或业务所采取的战略描述也过于简单化，未考虑存在的中间状态和业务发展的复杂性。为此，许多企业在实际运用中对BCG矩阵都做过一定程度的改进。

（五）通用矩阵（GE 矩阵）

通用矩阵又称行业吸引力矩阵、九象限评价法、通用—麦肯锡矩阵，是美国通用电气公司设计的一种投资组合分析方法。相对于 BCG 矩阵，GE 矩阵有较大的改进，在两个维度上增加了中间等级，增加了分析考虑因素。它运用加权平均法分别对企业各种产品的行业引力（包括市场增长率、市场容量、市场价格、利润率、竞争强度等因素）和企业实力（包括生产能力、技术能力、管理能力、产品差别化、竞争能力等因素）进行评价，按加权平均的总分划分为大（强）、中、小（弱），从而形成 9 种组合方格以及 3 个区域（见图 3-7），其中矩阵中的圆圈面积代表行业规模，其中扇形部分（黑色）表示某项业务所占有的市场份额。

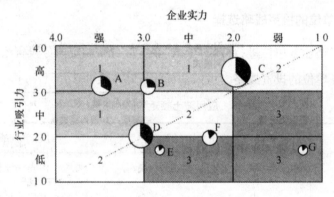

图 3-7　通用矩阵示意图

通用矩阵左上方三个象限内（浅灰色区域内）的业务代表行业吸引力较大且企业具有较强的竞争实力，因此有着较好的发展前景，对于这类业务，企业应采取优先发展的战略。通用矩阵中白色区域部分的业务，具体又可分为三种情况。一是行业吸引力不大，已处于成熟或饱和期甚至衰退期，但企业的实力在同行中却很强；二是行业有一定的发展前景或吸引力，但企业的实力不强或很弱；三是行业吸引力及企业的竞争实力皆处于中间状态。对这三类业务应有分析、有选择地进行投资，作为次优投资对象。对于那些经分析确能为企业带来收益的业务，应给予资金扶持，其余的应抽资转向或退出。右下角三个象限内（深灰色区域内）

的业务处于行业吸引力不高、企业实力不强甚至很差的处境，一般应采取不投资战略。对于一些还有利润的业务，应采取逐步回收资金的抽资转向战略。而对于不营利又占有资金的业务，应采取放弃或清算战略。

三、战略决策阶段采用的工具与方法

定量战略计划矩阵（Quantitative Strategic Planning Matrix，QSPM）是战略决策阶段采用的工具与方法，该矩阵能够揭示各种备选战略的相对吸引力，从而为战略选择提供客观依据。

QSPM 的分析原理是对战略匹配阶段所制定的各种战略分别评分，评分依据主要有：可否使企业更充分地利用外部机会和内部优势；是否可以避免外部威胁和规避内部劣势。定量战略计划评价矩阵评分通过专家小组讨论的形式得出，得分的高低反映战略的最优程度。下图为定量战略计划矩阵的应用案例（见表3-4）。

表 3-4　某影视公司的 QSPM

关键因素		权重	备选战略					
			品牌战略		人力资源战略		产品开发战略	
			AS	TAS	AS	TAS	AS	TAS
机会	1．企业上市提供更多的资金支持	0.10	3	0.30	4	0.40	4	0.40
	2．企业进一步延伸产业链	0.08	5	0.40	4	0.32	4	0.32
	3．人们对文娱产品的消费欲望和能力快速提高	0.12	3	0.36	4	0.48	3	0.36
	4．文化产品丰富性增强	0.10	3	0.30	3	0.30	4	0.40
	5．名导演、名制片人、名演员等优秀人才	0.10	4	0.40	3	0.30	3	0.30
威胁	1．新的技术层出不穷	0.09	4	0.36	3	0.27	4	0.36
	2．外来文化传媒产品对人们有着极大吸引力	0.11	3	0.33	3	0.33	3	0.33
	3．行业的巨额利润诱使大量的人员进入该行业	0.10	4	0.40	4	0.40	4	0.40
	4．产品资金等投入巨大，市场的不稳定性	0.10	3	0.30	3	0.30	3	0.30
	5．全球化外来企业的进入	0.10	3	0.30	3	0.30	4	0.40

续表

关键因素		权重	备选战略					
			品牌战略		人力资源战略		产品开发战略	
			AS	TAS	AS	TAS	AS	TAS
优势	1. 成功的人才战略及品牌战略	0.20	5	1.00	4	0.80	4	0.80
	2. 引进其他影业公司合拍影片	0.15	3	0.45	4	0.60	5	0.75
	3. 形成一套从策划、投资、制作到发行的完整运营体系	0.11	4	0.44	3	0.33	3	0.33
	4. 电影、电视剧及艺人经济三大主营业务处于行业领军地位	0.10	5	0.50	3	0.30	3	0.30
	5. 引入风险投资（VC）或私募股权投资	0.09	4	0.36	4	0.36	3	0.27
劣势	1. 公司对部分员工有极大的依赖性	0.11	3	0.33	3	0.33	3	0.33
	2. 商业大片的拍摄量和电影业务收入存在一定的波动风险	0.09	3	0.27	4	0.36	4	0.36
	3. 无创新性盈利模式	0.15	2	0.30	5	0.75	4	0.60
总计（STAS）				7.10		7.23		7.31

注：AS 为吸引力分数；TAS 为吸引力总分数；STAS 为吸引力总分数之和。

吸引力分数：1=不可接受；2=有可能接受；3=很可能被接受；4=极可能被接受；5=完全可被接受。

从表 3-4 中可以看出，某影视公司的产品开发战略最具吸引力，因此是优先选择的战略。

第四章 企业文化管理理论基本内容与实现路径

第一节 企业文化的基本内涵与结构

一、企业文化的内涵

（一）企业文化的源起

企业文化研究热潮的兴起，源于日本经济的崛起对美国所造成的冲击。日本经济的崛起，使西方国家乃至全世界都为之震惊。是什么力量促成了日本经济的成功？日本靠什么样的管理使其产品在国际市场上具有如此强大的竞争力？面对这些问题和困惑，许多美国管理学者进行了美日管理学的比较研究。他们在研究中发现，美国企业管理较为注重诸如技术、设备、制度、方法、组织结构等"硬"因素的分析，而日本企业则更多地强调人、目标、信念、价值观等"软"因素。其中最大的差别是日本企业员工有爱厂如家的观念，而美国企业的员工缺乏这种观念。这表明，美日两国不同管理模式的背后存在文化的差异。在系统地比较了日美两国企业在管理上的差异以及总结了美国成功企业的经验后，一些美国的管理学者认识到企业文化在企业发展中的重要作用，他们纷纷发表论著，揭示企业文化的概念，论述企业文化的内容和作用。1979 年，美国的沃尔格出版了《日本名列第一》一书，开创了企业文化研究的先河。进入 20 世纪 80 年代，美国理论界接连出版了四本畅销书：《Z 理论——美国企业界如何迎接日本的挑战》《日本企业管理艺术》《企业文化——企业生存的习俗和礼仪》《追求卓越——美国最成功公司的管理经验》。这四本著作以其崭新的思想、独到的见解、精辟的论述和丰富的例证，构成了一个理论体系，被誉为企业的"四重奏"。它们的出版，标志着企业文化理论的诞生。

日裔美国学者威廉·大内的著作《Z 理论——美国企业界如何迎接日本的挑战》出版于 1981 年，该书对美国和日本的企业管理方式进行了比较，把美国式的

105

领导个人决策、职工被动服从的企业称为 A 型组织，把日本式的领导层和职工积极融为一体的组织称为 J 型组织。大内认为应该通过学习日本的企业来革新美国的企业，创立新型的 Z 型组织，强调企业与职工荣辱与共，决策采取集体研究与个人负责相结合，树立牢固的整体观念，以自我指挥代替等级指挥等。他同时还揭示了企业文化较完整的定义：传统和气氛构成了一个公司的文化。同时，文化意味着一个公司的价值观，诸如进取、守旧或是创新，这些价值观构成了职工的活动、意见和行为规范。管理人员身体力行，把这些规范灌输给职工并代代相传。只有在组织内部培养出共同的目标和信任感，经营才可能成功。

《日本企业管理艺术》由理查德·帕斯卡尔与安东尼·阿索斯合著。该书揭示了著名的"7 因素理论"或称"7S"理论，它是从管理的机制上认识企业文化，认为企业文化从结构上应分为七个方面：结构（structure）、战略（strategy）、制度（system）、技能（skill）、作风（style）、人员（staff）和最高目标（superordinate goals）。该书认为美国企业在管理过程中过分强调前三项，而日本则在不忽略前三项的基础上，较重视后四项，因此使日本企业在竞争中充满活力。

特伦斯·迪尔和爱伦·肯尼迪合著的《企业文化——企业生存的习俗和礼仪》于 1982 年出版，该书首次将企业文化作为一门系统的理论加以研究。该书认为企业文化由企业环境、价值观念、英雄人物、文化仪式和文化网络五个要素组成，并把企业文化分为强人文化，拼命干、尽情玩文化，风险文化，过程文化四种类型。该书为企业文化这一理论奠定了深厚的基础，是企业文化理论探索的一个里程碑。

《追求卓越——美国最成功公司的管理经验》一书的作者是两位企业专家托马斯·J. 彼得斯和小罗伯特·H. 沃尔曼。他们归纳了成功公司的八个共同特点，其中突出的一条就是长期坚持形成有自己特色的企业文化，以此作为企业发展的动力。

20 世纪 80 年代以后，我国学者也开始了对企业文化的研究，对企业文化的含义和本质提出了以下看法。

有的人认为，企业文化是指企业生存与活动过程中的精神现象，即企业的价值观念与活动过程中的精神现象，亦即以价值观念为核心的思维方式和行为方式。

也就是说，企业文化是企业中与物质紧密相连的精神文化现象。这就是所谓的精神现象说。

有的人认为企业文化是指以企业为主体的、广义的、深层次的文化，是企业在长期实践中所形成的价值观念、道德规范、行为准则、传统作风、群体意识及员工的整体素质。它是企业最重要的经营资源，是维系企业生存和发展的精神支柱。这就是所谓的企业精神说。

有的人认为企业文化是企业这个系统形成群体意识和由此产生的群体行为规范，是一种共同价值观念体系，其主要内容是强调一个企业必须有自己明确的哲学思想、道德、文化传统、价值准则和经营方针，能够用崇高的精神力量去吸引、引导、团结和鼓舞员工，形成共同的目标、方向和使命，使职工为之而努力奋斗。这就是所谓的"企业特色的共同价值"说。

还有的人认为企业文化是指企业受民族文化、社区文化等文化系统，以及政治、经济、法律、哲学、教育、自然地理等诸多因素的影响，在企业经营过程中所呈现出来的企业职工群体的心理水平状态、行为规范和管理行为习惯的总和。

（二）企业文化的内涵

企业文化就是企业在长期的生存和发展过程中所形成的、为企业多数成员所共同遵循的经营观念或价值观体系。企业文化的内容包括价值标准、企业哲学、管理制度、行为准则、道德规范、文化传统、风俗习惯、典礼仪式以及组织形象等。其中，共同的价值观是形成企业文化的核心。因此，企业文化也可以认为是以企业哲学为主导，以企业价值观为核心，以企业精神为灵魂，以企业道德为准则，以企业形象为形式的系统理论。

企业文化的内涵，可以从以下几个方面进一步理解。

1. 企业文化的核心是企业价值观

企业总是要把自己认为最有价值的对象作为本企业追求的最高目标、最高理想或最高宗旨，一旦这种最高目标和基本信念成为统一本企业成员的共同价值观，就会构成企业内部强烈的凝聚力与整合力，成为统领组织成员共同遵守的行动指南。因此，企业价值观制约和支配着企业的宗旨、信念、行为规范和追求目标，企业价值观是企业文化的核心。

2．企业文化的中心是以人为主体的人本文化

人是整个企业中最宝贵的资源和财富，也是企业活动的中心和主旋律，因此企业只有充分重视人的价值，充分调动人的积极性，发挥人的主观能动性，努力提高企业全体成员的社会责任感和使命感，使企业和成员成为真正的命运共同体和利益共同体，才能不断增强企业的内在活力，实现企业的既定目标。

3．企业文化的管理方式是以软性管理为主

企业文化是以一种文化的形式出现的现代管理方式，也就是说，它通过柔性的而非刚性的文化引导，建立起企业内部合作、友爱、奋进的文化心理环境，自动地协调企业成员的心态和行为，并通过对这种文化氛围的心理认同，逐渐地内化为企业成员的主体文化，使企业的共同目标转化为成员的自觉行动，使群体产生最大的协同合力。这种由软性管理所产生的协同力比企业的刚性管理制度有着更为强烈的控制力和持久力。

4．企业文化的重要任务是增强群体凝聚力

企业的成员来自五湖四海，不同的风俗习惯、文化传统、工作态度、行为方式、目的愿望等都会导致成员之间的摩擦、排斥、对立、冲突乃至对抗，这不利于企业目标的顺利实现。而企业文化通过建立共同的价值观和寻找观念共同点，不断强化企业成员之间的合作、信任和团结，使之产生亲近感、信任感和归属感，实现文化的认同与融合，在达成共识的基础上，使企业具有一种巨大的向心力和凝聚力，这样才有利于企业共同行为的齐心协力和整齐划一。

（三）企业文化的特点

企业文化是在企业长期发展过程中逐步形成和完善的。由于各个企业的历史传统和社会环境不同、行业特点不同、技术设备和生产经营状况不同、人员组成结构和员工素质不同，以及它们所处的社会文化背景不同，各个企业所形成的企业文化模式也不尽相同。企业文化的本质特征可以归纳为以下几点。

1．民族性

企业文化作为文化系统中的亚文化，不可避免地受到作为主文化的民族文化和社会文化的影响与制约。从企业文化的形式看，企业文化是企业的全体员工经过长期的劳动交往而逐渐形成的被全体成员认可的文化，这些成员的心理、感情、行为不可避免地受到民族文化的熏陶，因而在他们身上必然表现出共同的民族心理和精神气质，即文化的民族性。这种文化的民族性通过员工在企业文化上得到充分的体现。因此，民族文化是企业文化的根基，企业文化的形成离不开民族文化。在世界文化体系中，每个民族都有自己独特的进化途径和文化个性，在不同的经济环境和社会环境中形成特定的民族心理、风俗习惯、宗教信仰、道德风尚、伦理意识、价值观念等，它们反映在企业文化上的总和就是企业文化的民族特性。

2．客观性

企业文化是一种文化的积淀。它是在其所处的社会物质环境——包括文化传统、社会组织方式、社会交往方式、社会心理素质等的合力作用下，在具有一定生产工艺、运行机制及其传统、习俗、信念、意识等的企业生产经营实践中形成的。尽管不排除人的主观努力，但从总体上说，它主要是客观、独立地形成的。成功的企业有优秀的企业文化，失败的企业有不良的企业文化。不管人们是否意识到，企业文化总是客观存在的，并不断发挥着或正或负、或大或小的作用。

3．独特性

每个企业都有自己的历史、类型、性质、规模、人员素质等。因此，在企业经营管理的发展过程中，必然会形成具有本企业特色的价值观、经营准则、经营作风、道德规范，也就是说，每个企业的企业文化都应具有鲜明的个体性和独特性。在一定条件下，这种独特性越明显，其内聚力就越强。所以，在建立企业文化的过程中，一定要结合企业自身的特点，形成自己的个性特征。

4．综合性

文化是精神活动、精神性行为及精神物化产品的总称，文化内容的综合性使企业文化也带有综合性的特征。企业文化作为一种独特的文化，在内容上带有综合性，它渗透到企业的各个方面，可以说企业的各项内容都有可能成为企业文化的组成部分。一个职工的价值观不是企业文化内容，而大部分职工共同的价值观就是企业文化的一部分；一种营销技术不是企业文化的内容，而企业共同的营销观念就是企业文化的一部分；企业的一项制度不是企业文化的内容，而企业所有制度的共同习性就是企业文化的一部分。由此可见，企业文化的内容是具有共性特点的。

此外，企业文化不是从某一个侧面、某一个部分影响企业的生产经营活动的，而是综合了企业精神、价值观念、经营准则、道德规范和企业目标等因素成为一个有机整体，以文化的手段调整企业员工的思想和行为，激发企业产生强大的凝聚力与向心力，对企业经济活动产生整合的功能效果。

5. 历史性

企业文化有一个形成和发展的过程。企业文化的传统性是在历史过程中形成的。企业文化一经形成，就具有较强的相对稳定的持续力，对企业在一定历史时期内的生产经营活动起着巩固维系的作用。企业文化不易因企业人员的变更而在短期内发生彻底改变。一旦某个企业在生产、经营等活动中形成了具有自身特色的企业文化，就说明该企业已经具备了自己的文化传统。每一种文化都是在承袭了前人的优秀文化成果和传统的基础上建立起来的，企业文化历经漫长的岁月磨炼会逐渐形成自身相对稳定的传统，企业成员在日常生活与工作中也因此有所依据和遵循，企业也能够发扬自身的传统优势，用文化的力量去激励员工与企业同心同德，共创未来。

二、企业文化的结构

根据企业文化的内涵及特点，我们可以看出企业文化的大致结构，再综合学术界的各种观点，我们认为企业文化的结构应包括物质层（器物层）、行为层、制度层和观念层四个层次（图4-1）。其中观念层属于一种隐性文化，它是企业文化的根本，主要包括企业精神、企业哲学、企业价值观、道德规范等。这些内容是企业在长期的生产经营活动中形成的，存在于企业员工的观念中，对企业的生产经营活动产生直接的影响。物质层、行为层和制度层则属于显性文化的内容,是指企业的精神以物化产品和精神性行为为表现形式,能为人们直接感觉到的内容,包括企业制度、企业行为、企业设施、企业形象和标识等。

图 4-1 企业文化结构示意图

在企业文化结构的研究上,有些学者提出了动态企业文化的概念,强调企业文化在知识经济时代的动态性与适应能力。清华大学教授吴维库提出了"文化陀螺"的概念,他认为,企业文化可以被看作一个动态运转的"文化陀螺",该陀螺的支轴是企业的核心价值观,即静态文化的理念层,而陀螺的惯性盘则是制度层、行为层和物质层。由于"文化陀螺"是动态的,因而它具有更强的适应能力。

（一）物质层

物质层包含的是企业员工创造的产品和各种物质设施等所构成的器物文化。它主要包括企业产品结构和外表、款式、企业劳动环境和员工休息娱乐环境、员工的文化设施,以及厂容厂貌等。物质层文化是企业员工的理想、价值观、精神面貌的具体反映,所以尽管它是企业文化的最外层,但却集中表现了一个现代企业在社会上的外在形象。因此,它是社会对一个企业总体评价的起点。物质层的载体是指物质文化赖以存在和发挥作用的物化形态。它主要体现在以下几类。

1. 生产设施

物质文化载体中的生产设施包括机器工具、设备设施等。这些是企业直接生产力的实体,是企业进行生产经营活动的物质基础,它标志着人类文明进化的程度,是社会进步程度的指示器。

企业的生产机器、设备设施的摆设等往往折射出管理理念和企业的价值观。如在日本的许多企业中，对员工的关怀往往体现在对安全生产的重视，对安全标语、安全设施、保养维护、安全检查、工厂平面配置、现场布置、区域划分均有整体的科学规划。丰田汽车厂就运用最佳动作的原理，将产品输送带抬高，使作业人员不必弯腰工作，这一调整既提高了劳动生产率，又减轻了工人的体力负荷。企业的技术、设备的现代化与企业的文明程度密切相关，它是企业进行生产经营活动的物质基础，是生产资料中最积极的部分。在现代企业中，职工凭借先进的技术、设备，使劳动对象达到预期的目标，为社会生产出质优、价廉的产品，创造优质的物质文化。

2. 企业环境

企业环境，主要是指工作环境，如办公楼、厂房、俱乐部、图书馆，以及生活设施和环境绿化等。企业环境也是企业文化建设的重要内容。一方面，优美的环境，良好的工作条件能激发职工热爱企业、积极工作的自觉性；另一方面，企业环境也是企业形象与经营实力的一种外在表现。所以，它对扩大企业的社会影响、拓展经营业务，都会产生积极的作用。

3. 企业产品

企业不仅通过有目的的具体劳动，把意识中的许多表象变为具有实际效用的物品，更重要的是在这一过程中，不时地按照一种文化心理来塑造自己的产品，使产品的使用价值从一开始就蕴含着一定的文化价值。

企业生产的产品和提供的服务是企业生产的经营成果，它是企业物质文化的首要内容。可口可乐公司的老板宣称："即使我们的工厂在一夜之间烧光，只要我的品牌还在，我就可以马上恢复生产。"可口可乐公司能有高达数百亿美元的品牌价值，就是因为它有着十分独特的品质文化。

4. 企业名称和标识

企业名称和企业标识都是企业文化的可视性象征之一，充分体现出企业的文化个性。企业名称和企业标识还被企业作为一种文化、智慧、进步的结晶奉献给社会，以显示其文化风格。

企业标识是以标志性的外化形态来表示本企业的文化特色，并与其他企业明显地区别开来的内容，包括厂牌、厂服、厂徽、厂旗、厂歌、商标等。这些标识能明显而形象地概括企业的特色，有助于企业形象的塑造，有助于激发职工的自觉性和责任感，使全体职工自觉地维护本企业的形象。因此，企业标识已成为企业文化的最表层，但又不可缺少的组成部分。

中国的银行建筑风格大体一致，展现出坚实、牢固、宏大的特点，银行门口摆放的大都是威风凛凛的雄狮。这根源于中华民族传统的文化习俗——中国人在把自己经过千辛万苦挣来的、节衣缩食省下来的钱送到银行时，一定认为这是最牢靠的地方。因此，银行的建筑风格都是碉堡般坚不可摧的，门口有"兽中之王"守护着，这样才能暗合老百姓的心理，给他们一种可信之感。

（二）行为层

企业文化的行为层是指企业员工在生产经营、学习娱乐中产生的活动文化，它包括企业经营、教育宣传、人际关系的活动、文娱体育活动中产生的文化现象。它是企业经营作风、精神面貌、人际关系的动态体现，也折射出企业精神和企业的价值观。

根据不同的行为主体，企业行为包括企业家行为和企业员工行为。

1. 企业家行为

企业家是企业的灵魂。企业文化是企业创始人、领导人、企业制度建立者创业活动的结果。企业家的行为决定了企业文化的健康与优化的程度，决定了员工对企业的信心程度，也决定了企业在未来竞争中的胜负。有什么样的企业家，就有什么样的企业和什么样的企业文化。

企业的文化主要是由企业家导向的，它深深地烙上了企业家的个性、志趣情操、精神状态、思维方式和目标追求，所有这些都对企业文化起着决定性的作用。企业家是企业文化的设计者、倡导者、推动者、弘扬者，也是"企业文化的旗手"。企业家的文化素养孕育了企业文化的养分。企业家一生的磨砺与追求奠定了企业文化的基础。优秀的企业家通过追求成功实现自己人生的崇高理想和信念，通过将自己的价值观在企业的经营管理中身体力行、推而广之，形成企业共有的文化理念、企业传统、风貌、士气与氛围，也形成独具个性的企业形象，以及企业对社会的持续贡献。

企业家文化是企业文化的核心，企业家的人格力量、信念力量、知识力量是企业家事业追求的驱动力。企业家最重要的任务是创造和管理文化，以自己的言行影响企业健康文化的生成。企业家文化主要体现在专业素养、思想道德、人格风范、创新精神、理想追求等方面。企业家对企业文化的理解深度与行为选择，反映了他的领导水平与领导能力。

纵观成功的企业家，几乎所有优秀的企业领导者总是不惜耗费时日去创造、倡导、塑造、维护自己或创业者们构架的具有强势力量的企业文化，并通过自己的行为不断地对员工和企业施加积极的影响。

2. 企业员工行为

企业员工是企业的主体，企业员工的群体行为决定了企业整体的精神风貌和企业文明的程度。因此，企业员工群体行为的塑造是企业文化建设的重要组成部分。

美国著名的连锁店沃尔玛以其"和气生财"的企业理念闻名于世。而让这种精神传遍世界各地是沃尔玛的无数员工。无论哪个顾客，只要进入任何一家沃尔玛，接待员、售货员、收款员都会笑容可掬地主动向顾客致意。人们进入该店，处处都有宾至如归的家庭温馨感。精于经营之道和心理学的售货员能从顾客的仪表与神态中初步判断出他们的购物意图，从而进行耐心的解释和诱导，从进门到出门，沃尔玛员工的微笑都会一直伴随着顾客，让顾客备感亲切、愉快，在这种情况下，人们十分愿意"慷慨解囊"。这里的员工不只把顾客当作消费者，而是十分愿意把顾客当作朋友。由这些员工身上所散发出来的企业文化，不仅托起沃尔玛固有的文化，而且还以这种文化去影响一批又一批的顾客，使他们也融入这种文化。

（三）制度层

制度层也叫企业的制度文化，它在企业文化中居中层，是具有本企业文化特色的各种规章制度、道德规范和职工行为准则的总称，包括厂规、厂纪以及生产经营中的交往方式、行为准则等，也包括企业内部长期形成的企业风俗，是一种强制性文化。企业制度文化是企业为实现自身目标对员工的行为给予一定限制的文化，它具有共性和强有力的行为规范的要求。企业制度文化的"规范性"是一种来自员工自身以外的、带有强制性的约束，它规范着企业的每一位员工。

在企业文化中，企业制度文化是人与物、人与企业运营制度的结合部分，它既是人的意识与观念形成的反映，又是由一定物的形式所构成。制度文化既是适应物质文化的固定形式，又是塑造精神文化的主要机制和载体。正是由于制度文化这种中介的固定、传递功能，使它对企业文化的建设具有重要的作用。

企业的规章制度主要包括企业的领导制度、人事制度、劳动制度和奖惩制度，企业的领导制度规定着企业领导者的权限、责任及其具体的实施方式。人事制度包括用工制度和晋升制度，它关系到企业人力资源的充足程度、使用效率、员工的素质和企业内部的人际关系，是企业的重要制度之一。劳动制度包括企业的安全管理、劳动时间和劳动纪律，它是企业生产顺利进行的必要保证。奖惩制度是企业员工的行为导向，通过奖励和惩罚向员工表明企业所倡导和禁止的内容，以此规范企业员工的行为。制度的内容必须具有合法性、统一性和准确性。也就是说，各种制度内容要符合国家和地区的各项法律规定，相互之间协调统一，表达准确、清晰、通俗易懂，避免模棱两可和生涩难懂。

（四）观念层

企业文化的观念层是现代企业文化的核心层，指企业在生产经营中形成的独具本企业特征的意识形态和文化观念。它包括企业精神、企业价值观、企业理念、企业伦理。由于精神文化具有企业的本质特点，因此它是在企业多年的运营过程中逐步形成的。

1. 企业精神

企业精神是现代意识与企业个性相结合的一种群体意识。每个企业都有各具特色的企业精神，它往往以简洁而富有哲理的语言形式加以概括。一般来说，企业精神是企业全体或多数员工共同一致、彼此共鸣的内心态度、意志状况和思想境界。它可以激发企业员工的积极性，增强企业的活力。企业精神作为企业内部员工群体心理定式的主导意识，是企业经营宗旨、价值准则、管理信条的集中体现，是企业文化的基石。

企业精神源于企业生产经营的实践。随着这种实践的发展，企业逐渐提炼出带有经典意义的指导企业运作的哲学思想，成为企业家倡导并运用多种手段强化的主导意识。企业精神集中反映了企业家的事业追求、主攻方向及调动员工积极性的基本指导思想。企业精神常常以各种形式在企业组织过程中得到全方位强有力的贯彻。于是，企业精神常常成为调节系统功能的精神动力。

国外的许多成功企业都有自己独特的企业精神。例如，本田精神：追求技术与人的结合，而不仅仅是生产摩托车；人要有创造性，绝不模仿别人；要有世界性，不拘泥于狭窄地域；要有接受性，增强相互之间的理解。

2．企业价值观

所谓价值观，简单地讲，就是关于价值的观念，它是客观的价值体系在人们主观意识中的反映，是价值主体对自身需要的理解，以及对价值客体的意义、重要性的总的看法和根本观点。它包括价值主体的价值取向、价值主体对价值客体及自身的评价。价值是客观的，价值观念则是主观的，由于人们的社会生活条件、生活经验、目的、需要、兴趣不同，价值观念也彼此不同。企业价值观是指企业中绝大多数员工所共同持有的价值观。对一个企业而言，只有当绝大多数成员的价值观趋于一致时，企业价值观才能形成。企业价值观是企业推崇和信奉的基本行为准则，是企业进行价值评价、决定价值取向的内在依据。国内外经营成功的企业都很注重企业价值观的塑造，并号召企业员工自觉推崇和尊重自己企业的价值观。

美国国际商用机器公司（IBM）提出"IBM就是服务"，把为顾客提供世界上第一流的服务作为最高的价值信念。中国海尔集团提出"真诚到永远"，把真诚地为顾客提供高质量的产品和服务作为自己的价值追求。

不同企业对自身价值信念的提法虽然各有千秋，但无一不是强调企业的社会责任感及其在社会生活中的存在价值，并以此把企业与职工凝聚在一起。成功企业的经验证明，积极向上的企业价值观能使员工把维护企业利益、促进企业发展看作有意义的工作，从而激发员工极大的劳动热情和工作主动性，使企业的外部适应能力和内部协调能力得到加强，企业也由此获得成功和发展。

3. 企业理念

企业理念是一个总概念，它包括企业存在的意义、经营信条和行为规范等，并表达企业存在于这个世界上的使命，宣告如何去实现这一使命。企业理念一般是在长期的生产、经营实践中逐渐建立起来的，表现为企业所遵循的根本原则及企业全体员工对共同理想和信仰的追求，实际上是企业文化中的一个组成部分，主要以企业精神的形式反映出来，是企业文化中经营哲学、价值观、经营宗旨等内容的凝结和提炼。由于企业经营理念综合性地反映了企业精神，确立了企业的行为目标和发展方向，所以称它为企业的灵魂。建立在企业群体文化知识、理想认同和行为规范上的企业理念，对外能够昭示企业所确立的社会身份、精神面貌和经营风格，对内能够成为全体员工的统一意志，唤起员工的巨大工作热情，促使企业充满活力。

IBM 公司的创始人托马斯·汉森把"营销导问"作为企业理念，关心用户、关心社会成为公司价值观的支柱，IBM 倡导公司经营的各个环节都要直接或间接地参与营销，从公司各级领导到各制造厂的工人，都要遵守企业规章制度，把"服务至上"和"IBM 就是服务"的理念灌输到每一位员工的思想之中，不把产品卖出作为服务的终点和最终目的，而是以与用户建立持久良好的关系作为成功的标志。公司要求全体员工对用户提出的问题必须在 24 小时内给予落实或答复。

企业理念是一个整体的概念，它以企业的价值观为基础，以企业组织系统和物质系统为依托，以企业员工的群体意识和行为表现形成一个企业特有的生产经营管理的思想作风和风格。

4. 企业伦理

企业伦理既是一种善恶评价，可以通过舆论和教育的方式影响员工的心理和意识，形成员工的善恶观念和生活信念，同时，它又是一种行为标准，可以通过舆论、习惯、规章制度等成文或不成文的形式，来调节企业及员工的行为。

伦理文化是一种最直接的社会文化层面。同样，企业伦理是现代企业文化的重要组成部分，它是一种社会意识，是一种微观的道德文化，同时，它又是一种新的富有效力的管理观念，即主张以人为核心，用道德观念和道德规范来调节企业员工的行为。因此，在建设企业文化时，必须高度重视企业伦理建设。

（五）企业文化各层次的关系

企业文化的结构不是静止的，它们之间存在着相互的联系和作用。

首先，观念层决定了行为层、制度层和物质层。观念层是企业文化中相对稳定的层次，它的形成受社会、政治、经济、文化以及本企业的实际情况、企业管理理论等的影响。观念层一经形成，就处于比较稳定的状态。观念层是企业文化的决定因素，有什么样的观念层就有什么样的物质层。

美国埃克森公司的价值观是：高度尊重个人的创造性，绝对相信个人的责任感，但同时，默认在做出一项重要决定前要达成一致。这就决定了在制度层表现为随便的衣着和沟通方法，没有等级标志，相互之间争论等。而另一家总部设在欧洲的麦迪公司，它的价值观是尊重资历、学识和经验，注重通过服务时间的长短、整体工作情况和个人的教育背景来评价职工，因此在制度层和物质层就表现为：一切都是规范化和正式化，大楼中各办公室都有正式标志，大厅中是静默气氛，行为上往往通过人们在大厅中见面时周全的礼节得到体现，公司有专门的高级经理人员餐厅，文件中应使用正式学术用语等。埃克森公司和麦迪公司精神层的不同使它们的制度层与物质层表现出完全不同的内容。

其次，制度层是观念层、物质层和行为层的中介。观念层直接影响制度层，并通过制度层影响物质层。企业领导者和职工在企业哲学、价值观念、道德规范等的基础上，制定或形成一系列的规章制度、行为准则来实现他们的目的，体现他们特有的观念层的内容。可见观念层对制度层的影响是最直接的。在推行或实施这些规章制度和行为准则的过程中，会形成独特的物质层，并以特有的价值取向和观念反映在其行为中，可见观念层对物质层的影响一般是间接的。制度层的中介作用使许多卓越的企业家都非常重视制度层的建设，使它成为本企业的重要特色。

最后，物质层和制度层是观念层的体现，观念层虽然决定着物质层、制度层和行为层，但观念具有隐性的特征，它隐藏在显性内容的后面，必须通过一定的表现形式来体现，它们的精神活动也必须付诸实践。因此，企业文化的物质层和行为层就是观念层的体现与实践。物质层和制度层以其外在的形式体现了企业文化的水平、规模和内容。因此，当我们看到一个企业的工作环境、文化设施、规章制度，就可以想象出该企业的文化精髓。企业文化的物质层和制度层除了体现精神层的作用以外，还能直接影响职工的工作情绪，直接促进企业哲学、价值观念、道德规范的进一步成熟和定型。所以，许多成功的企业都十分重视企业文化中物质层和制度层的建设，明确企业的特征和标志，完善企业的制度建设和规范的形成，从而以文化的手段激发职工的自觉性，实现企业的目标。

企业文化的物质层、制度层、行为层和观念层是密不可分的，它们相互影响、相互作用，共同构成企业文化的完整体系。其中，企业的观念层是最根本的，它决定着企业文化的其他三个方面，因此，我们研究企业文化的时候，要紧紧抓住观念层的内容，抓住了观念层，企业文化的其他内容就顺理成章地揭示出来了。

第二节　企业文化的主要特征与功能

一、企业文化的特征

企业文化的内容十分丰富，但从其本质上来说，有别于其他文化。企业文化的特征可归纳为以下几点：

（一）民族性

企业文化植根于民族文化，直接反映民族文化的特征。民族的传统文化是孕育企业文化的土壤，正是民族文化传统直接影响着企业员工的言论、思想和行动，并随着时代的变化而发扬光大，长久流传。民族的心理习俗和价值取向影响着企业人员的好恶取舍，引起人们的情感共鸣，加强了企业的内聚力和发展的动力。企业只有在全民族共同认可的风俗习惯范围内选择培养企业文化，才能够最大限度地调动企业人员的积极性、创造性以及工作热情。反过来，富有创新意识和崭新风貌的成功的企业文化又会丰富民族文化，为传统的民族文化增强生命力。

（二）功用性

企业文化是维系企业生存和发展的内在动力之一，这在本质上体现出它的功用性。当今世界，经济正朝着一个全新的高技术化、信息化、产业化的新时代迈进，新的经济领域不断被开拓，旧的经济体制不断被革新。面对新的经济形势和环境，企业的生存和发展日益依靠综合的、整体的战略决策，以及企业的经营和组织策略。单纯的经济手段和生产手段都可能产生片面性和短期行为，只有从文化的宏观角度看待企业的生产和发展，审时度势，适应时代的发展要求，充分控制和利用环境的有利条件和企业的内部潜力，才能使企业向高效、健康的方向发展。企业的领导者更应学会将企业所倡导的软性控制管理技能与科学性的规划和数量化管理相结合，坚持策略性思考与文化意识并重，发挥企业文化在创造和维持卓越企业中的处境功能。

（三）传承性

企业文化是企业成员共同拥有的财富，更是企业所有成员行为的规范和法则。每一位成员要想在企业中求得发展，就要不断地学习所在企业的文化。这种学习包括员工在日常的工作和生活中不断地实践和探索，积累新的经验，在更高的层次上加深对企业文化的认识。面对企业文化，适应、遵守到为其发展做出贡献的过程，带来的是成员自身素质的提高和企业文化的持续进步。同时企业也需要通过教育、训练的途径培养和提高整个企业的员工文化素质，并在此基础上推动企业的整体文化不断成长。

一旦某个企业在生产、经营活动中形成了具有自身特色的企业文化，就说明该企业已经具备了自己的文化传统。这种文化是在承袭前人优秀文化成果和传统的基础上建立起来的。企业文化经历漫长岁月的磨炼会逐渐形成自身相对稳定的传统，企业员工在日常生活与工作中也因此有所依据与遵循，企业也能够发扬自身的传统优势，用文化的理念去激励企业员工与企业同心同德，共创未来。

（四）革新性

企业文化一经形成，便具有了自己相对稳固的模式和传统，但它们也不是恒久不变的。随着社会历史时期的不断交替，企业文化赖以生存的社会文化不断地变换内容与形式，与此相适应，企业文化具有显著的革新性，企业文化只有在随社会历史和文化发展的同时不断地运动、变革和发展，才能保持其旺盛的生命力和活力。这一特征在当代企业文化中表现得尤为突出，以至于如今国内外的许多成功企业都在顺应改革潮流，不断更新旧的文化模式，创造新的文化内容。

（五）独特性

企业文化虽然都体现以人为本这一核心，但它在各个企业所采取的形式却又是多样的。不同的企业从创立、生存到发展，走过的道路各不相同，每一个企业内部都存在着自身独有的协调机制与人际关系。因此，每一个企业都独具特色，表现出明显不同于其他企业的、不可替代的个性化和独特性特征。一般情况下，相同或相近行业内的企业文化在类型方面表现为相近或相似，不同行业间企业文化的差异性较大。正是这种企业文化呈现出的异彩纷呈的局面，才形成了整个企业界或行业内企业文化的多样性，即众多的、局部的个性化、独特性构成了全局的多样性。而每一个企业在自身文化建设中都必须以自身的特点为立足点，充分利用已有的条件，发挥自身优势，有选择地学习于己有益的理论、方法和经验，克服盲目追赶和照搬，力图建立和发展具有本企业特色的企业文化。

二、企业文化的功能

企业文化对企业行为的影响是无形的、持久的。在企业文化的熏陶下，企业成员很容易拥有相同或相近的价值观和道德观，放弃一些不利于企业所期望的行为和利益取向，这就是企业文化的正功能。主要包括凝聚功能、导向功能、约束功能、激励功能、辐射功能、协调功能。同时，企业文化也具有负功能，对企业的发展有着潜在的负面作用，如一些既定的思维定式，往往成为企业组织变革与发展的障碍。

（一）企业文化的正功能

1．凝聚功能

美国学者凯兹·卡思认为，社会系统的基础是人类的态度、知觉、信念、动机、习惯等心理因素，在社会系统中将个体凝聚起来的是心理力量。这种心理力量就是共同的理想与信念。强有力的企业文化通过沟通成员的思想感情，建立起成员与企业之间的相互信任和依存关系，培育企业成员的认同感和归属感，融合成员的观念意识，把成员的信念与组织宗旨和价值观统一起来，形成共同的目标和理想，产生强大的向心力和凝聚力，激发企业成员的主观能动性，促使企业成员为实现企业的共同目标而努力。

2．导向功能

企业文化对企业成员的价值取向和行为取向具有引导作用，与传统管理单纯强调硬性的纪律或制度不同，这种引导作用是通过企业文化的塑造来实现的。人们在企业文化的潜移默化的影响中接受企业目标和共同的价值观念，对事物的评判达成共识，建立共同的价值目标，并为自己认定的价值目标去努力。

3．约束功能

企业文化对每个企业成员的思想、心理和行为具有约束和规范的作用，这种约束功能与规章制度一类的强制机制不同，是通过成员自身产生的认同心理来实现的一种软约束。企业成员受企业的文化氛围、群体行为准则、道德规范的影响，自觉地接受规范和约束，并按价值观的指导进行自我管理和控制。

4．激励功能

企业文化的激励功能可使企业成员产生一种积极的情绪和发奋进取的精神，它能够最大限度地激发员工的积极性和创新精神。企业文化中共同的价值观念、以人为本的和谐人际关系、提高业绩的奖励方法等均可以使成员感到自己行为的价值，这种激励不是一种外在的推动，而是一种内在的引导。

5．辐射功能

企业文化的辐射功能是指企业文化不但在企业内发挥作用，对本企业成员产生影响，而且可以通过产品、媒体宣传、个人影响等渠道对社会产生一定的影响。企业文化中的价值观念、职业道德、经营管理思想等不仅可以向社会展示企业形象，还会对社会道德、思想意识等有较大的影响。

6．协调功能

企业文化的协调功能是企业文化在成员与成员、成员与企业、企业与社会之间产生的调节和适应作用。由于，企业内部各部门之间、成员之间难免会产生一些矛盾，而企业与顾客、社会、环境之间也会存在一些不协调、不适应之处，需要进行调整和适应。企业文化中的价值观念、道德规范、处世哲学等可以使企业成员较好地处理这些矛盾。当企业发生变革时，企业文化也可以帮助企业成员尽快适应变革后的局面，减少因变革带来的不适应。例如，虽然企业创始人去世，但原有的企业管理体制依旧正常运行，企业不会因此产生大的变动，这是因为企业文化在发挥作用，创始人的精神和理念已成为企业无形的运作法则。

（二）企业文化的负功能

1．多样化的障碍

企业成员间存在个体差异，如有的人喜欢冒险，有的人喜欢按部就班，这些差异对于企业的发展是很有益处的。但企业文化具有统一性，要求企业成员的价值观、思维方式、处理问题的方法等与企业文化一致，这就使企业成员在企业中慢慢被同化，原有的个体特征逐渐消失，失去了多样化带来的优势。

2．变革的障碍

企业文化是一种无形的约束力量，在企业成员中广泛存在且深入人心。当企业的内、外部环境稳定时，成员思想和行为的一致性对企业的正常运作是很重要的。但企业文化长期的无形约束也容易使企业成员形成思维定式，当企业环境快速发生重大变化时，如果企业原有的共同价值观与环境变化相违背，根深蒂固的企业文化就成了企业发展变革的束缚，导致企业难以适应变化的环境。

3. 兼并和收购的障碍

很多企业在兼并或收购时，首先考虑的是融资优势或产品协同性，即主要看重企业实施兼并和收购行为之后能否带来财务和生产方面的优势，时常忽视两家企业合并后企业文化能否兼容的问题。如果两家企业的企业文化存在较大差异，企业成员间不可避免地会出现冲突、矛盾乃至对抗的情况，时常会导致企业兼并或收购的失败。例如，美国银行为了扩展经营领域于 1983 年收购了史阔伯公司，但两个公司的企业文化存在很大差异，美国银行作风保守，史阔伯公司喜欢冒险，其员工无法适应美国银行的因循守旧的工作方式。最终在 1987 年，查尔斯·史阔伯又从美国银行买回了他的公司。

第三节　企业文化的具体建设新路径

企业文化建设是企业有意识地保持与发扬积极的、优秀的企业文化，克服企业文化中的消极因素的过程。企业文化建设包括企业文化塑造和企业文化的建设与落实两部分。企业文化建设是优化、更新企业文化以应对环境变化带来的挑战的过程，是企业发展战略的重要内容之一。

伴随着经济全球化进程的不断加快，国内企业面临的市场竞争也越来越大，此时，企业中若是依旧存在文化建设落后的状况，就会直接导致自身极难在激烈的市场浪潮中生存下去。这一点尤其体现在新媒体日趋发展壮大的情况下，多种文化以及新潮思想的涌入对企业员工的价值取向与观念造成了极大的影响。就目前情况来讲，为使企业的改革和发展顺利进行，必须要将企业员工的力量凝聚起来，并提升新媒体环境下企业对文化建设的重视程度，才能最终使企业的发展进步得到有效保障。

一、企业文化的塑造

企业文化结构由内到外包括价值文化、制度文化、实体文化三层结构，企业文化塑造也围绕这三个层次展开。

（一）凝练核心价值观

企业价值观是企业成员普遍存在的信念和行为准则，反映了企业成员共同的认识和追求，是企业在长期实践中形成的群体心理定式和价值取向，是企业文化的核心和灵魂。企业要确立核心价值观，就要做到以下几点。①要结合企业自身的具体情况，如企业性质、企业规模、人员构成等，使企业价值观与企业需要相吻合；②要考虑企业外部环境，如政治、经济、民族文化、法律制度等因素对企业成员思想意识的影响，有针对性地确立企业价值观，使之符合外部环境的要求；③企业价值标准要准确明晰，具有鲜明的企业特点，充分体现企业的宗旨和发展方向；④企业价值观初步确立后，要征求企业成员的意见和建议，调查企业成员的认可程度，反复修改，直至筛选出符合企业特点且企业成员接纳程度比较高的核心价值观。良好的企业价值观应既体现企业整体利益，又融合企业成员的理想信念，能够体现企业的发展方向和目标，成为鼓励企业成员努力工作的精神力量。

（二）完善制度建设

制度建设主要包括领导风格、企业结构、管理制度三个方面。领导风格是领导者的行为模式，也是其个人价值观和偏好的体现。企业结构是企业为了有效整合资源而规定的领导与协作关系，主要受领导体制、外部环境、企业目标、成员思想文化素质等因素的影响。管理制度是企业制定的强制性的规定和条例，主要包括人事、生产管理、经营、分配等方面的规章制度。企业管理制度是企业成员应遵守的准则，能够使成员个人的生产经营活动符合企业整体的要求，长时间贯彻落实企业管理制度会使员工养成一定的行为习惯，这本身对员工行为是一种很好的引导。完善制度建设是在明确领导风格的前提下，建立合适的企业结构，制定相应的规章制度，使制度文化与企业文化整体相适应。例如，企业领导提倡权威与服从，则需要建立等级严格的企业机构，制定繁多的规章制度条文，严格监管，不鼓励企业成员越级自由表达个人意见。

（三）优化实体文化

实体文化是企业文化的外在显现层，主要包括企业外观、工作环境、生活娱乐设施等。实体文化是企业文化最直观的部分。实体文化的优化过程具体直接，效果明显，但与企业价值观的塑造一样，也是一个全面的系统工程。

首先，要确定整体风格，保证与企业文化一致。例如，在鼓励创新，崇尚自由的文化氛围下，办公环境色彩不能过分偏冷暗色调，办公设备不宜完全整齐划一。

其次，要选择合适的生产设备、办公设备、生活娱乐设施、文化设施等。这些设施的购置，不但能提高工作效率，保证劳动安全，美化生活环境，而且可以提高企业成员的工作兴趣，激发企业成员对企业的忠诚心和责任感，增强企业的凝聚力。

最后，聘请专业人员对产品、建筑、娱乐休息环境、文化设施等进行全方位设计，包括色彩、照明、空间结构布局、物品安排等，形成一个全方位的感觉认知。实体文化是企业成员和外部人员进入企业内部后产生的视觉、听觉、触觉及相应产生的心理感受，因此专业化的设计是非常必要和重要的。

实体文化不仅是企业的外在形象，是外界对企业评价的重要基础，还是影响企业成员工作热情的重要因素。但需要注意的是，与专业人员进行有效沟通，让对方完全、准确地理解企业文化的实质和具体反映，才能达到良好的优化实体文化的效果。

二、企业文化的贯彻与落实

企业文化是一个长期培育、逐步深入的过程，正如美国著名管理学家托马斯·J. 彼得斯和小罗伯特·H.奥特曼在《追求卓越》一书中写道："价值观是由高层的经理们通过分分秒秒、年复一年的行动表现出来的，上上下下透彻了解并深入全体成员心中的东西。"

（一）企业创建人和高层管理人员的影响

企业文化很大程度上来自企业创始人。企业现行的惯例、传统、行为处事的一般方式，在很大程度上都源于企业创始人早期的努力，以及他们的努力带来的成功。企业在成立初期一般规模比较小，创始人能够用自己的思想意识去直接影响其他成员，随着企业的不断发展壮大，这些价值观逐步植入企业成员之间，变得根深蒂固，成为企业文化的核心和基础。高层管理人员对企业文化也有很大的影响。高层管理人员通过自己的日常行为和有意识、有目的的宣传倡议，将企业精神、价值观和行为准则渗透到企业成员中去。

（二）强化企业成员的认同感

企业文化要在企业成员之间实现广泛共享和强烈共识，需要不断地强化，使企业成员的个人价值观与企业价值观统一起来。强化企业成员的认同感主要有以下几种途径。

1. 教育培训

企业需要帮助员工，尤其是新员工适应企业文化。教育培训是最为直接有效的途径。例如，星巴克咖啡为新员工提供培训，教会他们掌握咖啡调制所需的全部技能，同时向他们传递星巴克的经营思想和价值观念。在接受了培训之后，星巴克的新员工不但可以为顾客详细解说每一种咖啡产品的特性，而且还善于与顾客沟通，能够做到态度真诚，语气轻缓，与星巴克轻松温馨的气氛融为一体。

阅读资料：

星巴克的企业文化建设

星巴克将员工视为"合作伙伴"，并且鼓励他们投入公司的业务经营中去，不断提出构建业务和改进产品的想法。"合作伙伴"接受有关公司产品或服务标准的广泛培训，包括如何迎接客户并塑造商店氛围。更为突出的是，星巴克在员工培训方面投入的费用比在广告方面、员工保留率和客户满意度方面投入的费用都要高。星巴克曾经发行过一本著名的小册子——"绿色围裙书"（Starbucks Green Apron Book）。之所以叫这个名字，是因为这本书太小了，正好适合放在咖啡馆的绿色围裙口袋里。实际上，这本书就是咖啡师的参考工具，里面有他们需要了解的星巴克的全部要点以及对待顾客的方法。

资料来源：人力资源管理案例网。

2. 树立榜样

榜样是企业文化的人格化身，对企业成员具有真实的感召力和影响力。例如，乘务员在工作中处处为乘客着想，主动搀扶"老幼病残孕"上下车，耐心为外地乘客指路，到站提醒下车等。虽然这些都是小事，但体现了真诚热情为乘客服务的精神，带动了更多的员工为乘客提供优质的服务。

3. 特殊仪式

仪式是指在比较盛大的场合中举办的，具有专门规定的程序化的行为规范和行动，如颁奖仪式、签字仪式、开幕仪式等。通过举办特殊仪式，有助于进一步强化企业文化对企业成员的影响。玫琳凯化妆品公司为销售代表举办奖励年会就是一个典型的案例。玫琳凯的颁奖仪式在一个巨大的礼堂举行，所有的与会者都穿着高贵迷人的晚礼服。成绩突出的销售人员会获得贵重首饰、貂皮大衣、高级跑车等一系列奖品，并接受台下众人的欢呼。这项盛会通过公开表彰卓越的销售业绩强化了企业的"积极、乐观、勇于克服困难，只要足够努力，就能获得成功"的企业理念，提高了企业成员对企业文化的认同感。

三、企业文化建设的有效措施

（一）利用新媒体宣传企业品牌形象

企业进行文化建设的主要目的是树立品牌以及自身良好形象。新媒体具有传播信息途径丰富、功能强大等优势，这使得新媒体在企业建设以及文化传播方面起到了关键性的促进作用，因此，新媒体已然逐渐成为信息时代企业进行品牌形象宣传的重要途径。如此一来，人们就能够通过企业网站或者是官方微博便捷了解企业的信息与发展历程，可以随时随地地认识到企业的发展理念，并发表自身观点，提出有效建议，进一步积极影响企业文化的建设，使企业能够将品牌形象更好地展现出来。

（二）增加企业传播管理理念的途径

企业文化建设中最重要的构成部分之一就是管理理念，根据调查报告显示，已成功的企业绝大部分进行了企业文化与管理理念的有机融合，这能够使企业管理理念以及方法在极大程度上得到认可与接受。基于此，企业若想不断丰富自身文化内涵，并且使企业内涵式发展真正实现，就需要将管理理念与企业文化有机结合。新媒体多元、灵活以及便捷的主要特征能够行之有效地使企业传播管理理念途径丰富起来，把原本抽象的管理理念转变为易懂且直观的理解模式，使企业员工可以更好接受企业理念，进而提升企业文化建设的质量与效率。

（三）有效弘扬企业核心价值

任何一个企业都会有自身与众不同的核心价值观，这不仅是企业进步发展的主要方向，也是其文化建设的核心与精髓。近些年，随着企业文化建设对新媒体技术的广泛应用，新媒体平台也逐渐由原本单纯的信息传播媒介转变为企业了解社会想法与变动的载体，产品与市场发展的载体，企业领导与普通职员沟通的载体，企业职员之间工作交流的载体，由此不难看出，新媒体技术能够在企业进步发展以及内部交流互动方面起到非常重要的积极影响。除此之外，企业和可以将新媒体应用于自身文化与弘扬核心价值的工作中，对企业核心价值观在内部的真正落实起到有效的推动作用，从而使企业员工对企业价值观念的普遍认同与实践得到保障，达成企业与员工高度统一的最终目标，让员工能够在岗位上充分发挥自身价值。

总而言之，随着信息时代的到来，企业若想全面提升自身综合实力，文化建设方面的工作是绝对不能忽略的，企业若是能够合理科学地建设自身文化，就能够为自身未来的发展进步起到不可代替的重要作用。所以，企业需要站在促进国家市场稳定的宏观角度，将国家政策以及相关法律均考虑在内，在新媒体力量的积极影响下，将所有企业员工凝聚起来，在提升企业综合实力的基础之上，将员工的责任感激发出来，进而推动企业高效发展。

案例：

海底捞的企业文化

四川海底捞餐饮股份有限公司（以下简称"海底捞"）成立于 1994 年，是一家以经营川味火锅为主，融汇各地火锅特色于一体的大型跨省直营餐饮民营企业。从最初的麻辣烫小摊，到全国知名的餐饮连锁企业，公司始终秉承"服务至上、顾客至上"的理念，为顾客提供"贴心、温心、舒心"的服务，为员工创建公平公正的工作环境，实施人性化和亲情化的管理模式，提高员工价值，创造客户价值。海底捞富有特色的企业文化：营造温暖的家文化，尊重员工，带给顾客五星级的服务，这使得海底捞成为餐饮连锁企业中的一个奇迹。

企业文化是近来企业都在强调的一个概念。企业文化是抽象的，因为它存在于每一位员工的思想中，同时企业文化又是具体的，它表现在企业员工的行为中。企业文化是企业的灵魂，它能激发员工的潜力，凝聚员工的向心力，创造员工的归属感，赋予员工荣誉感。海底捞的企业文化是海底捞一直引以为傲的，是深入到每一位员工内心的。

海底捞是典型的餐饮连锁企业。对于餐饮企业来说，收获人心是一大重点。海底捞董事长张勇深谙这一道理，提出了"把员工当作家人"这一理念，24年来海底捞一直在做这件事。

海底捞的新员工在入职时会接受员工培训，培训的内容细致到如何使用ATM、如何乘坐地铁，这不仅是员工培训，而是在帮助来自农村的员工融入这个企业，融入这个城市。海底捞有独特的师徒制度，每一位员工都有自己的"师傅"，这样可以消除员工的不安全感，能够帮助员工尽快融入集体。

餐饮企业大多包吃包住，但是很多餐饮企业人员住的是地下室，吃的是店里剩下的食物，而海底捞的宿舍设施齐全，有正规的物业，甚至连衣物都有专门的阿姨来洗。海底捞的补贴政策相比其他企业也要好很多，有交通补助、餐饮补助、话费补助等。海底捞还有一种特殊的补助，叫"嫁妆"。店长及以上级别员工在离职时会得到企业给的一笔钱，但是拿走"嫁妆"的至今只有三人。这是海底捞对员工的一种承诺，这个承诺让海底捞的员工流动率每个月只有10%左右，店长以上级别的员工基本不会流动，而其他大部分企业的员工流动率在20%以上。

海底捞在全国多个城市拥有多家直营店，如今业务也扩展到了海外，拥有众多名员工，面对这么多的员工，张勇很谨慎，对人力资源这一部分很有规划，他认为激励是过河的独木桥，而授权则是一根平衡木。

在海底捞，激励机制随处可见，领导随时保持和员工在一起的状态，一旦发现员工有做得好的地方就会进行激励，对特别优秀的员工还会申请物质和金钱奖励。新员工入职时，领导会进行自我介绍，向员工展示哪些是员工应该学习的，并且坚持和员工站在同一条战线上，这样就能激发员工的斗志。而对于创新这一块，海底捞也有自己的小创意。例如，成都分店中就有三块板，分为黑、黄、红三种颜色，分别代表没有创意、有创意但不能推广、有创意并且可以全国推广，员工都努力不让自己的名字出现在黑色的板上，因此海底捞的创意层出不穷。有些在全公司推广的创意会以提出该建议的员工的名字来命名，这种做法激励员工不断创新。

充分信任合理授权，授权是信任员工的表现，海底捞通过有效的授权和放权来激发员工的自豪感和凝聚力。例如，区域经理有百万元以上的自主权，不用向上级领导请示；普通员工能够根据实际情况做出判断，自主决定是不是可以给客人免费送一些小菜，甚至遇到不满意想免单的顾客时，员工可以及时做出决定，避免顾客抱怨。这种自主性能使员工产生"企业主人翁"的自豪感，因此对这个"大家庭"的归属感会更加强烈。授权是对员工的尊重，尊重员工才能实现员工价值，最终才能创造客户价值。

海底捞的服务备受称赞，在海底捞等餐的时候，大家能够享受免费水果、免费茶水、免费美甲、免费上网等服务。吃饭时能够享受海底捞提供的手机套和热毛巾。海底捞菜品丰富，价钱公道，分量足，半份起点，没吃没动的还可以退。海底捞就是敢于突破常规，为客户创造价值。

2017年海底捞的老鼠事件引起了社会的广泛关注，都以为会看到海底捞公关的各种解释，但是到来的只有公关的道歉，令大众也选择原谅海底捞。如此坦率的企业、人性化的管理、诚挚的服务，最终赢得了大家的青睐。

资料来源：曾晗，张桃.海底捞企业文化探析[J].中国市场，2018（19）：85-86.

第五章　企业社会责任的基本概念阐述

第一节　企业社会责任的起源与发展

一、20 世纪 50 年代，企业社会责任初具雏形

在论述 20 世纪 50 年代的企业社会责任之前，有必要阐明帕特里克·墨菲把 20 世纪 50 年代前后的企业社会责任划分为四个时代。在一个简化的构想中，墨菲认为，截至 20 世纪 50 年代的这段时期是"慈善"时代，在这个时代，企业对慈善机构的捐赠比什么都重要。1953—1967 年被称为"觉悟"时代，在这个时代，人们对企业的整体责任及其在社区事务中的参与有了更多的认识。1968—1973 年被称为"问题"时代，这时企业开始关注诸如城市衰退、种族歧视和污染等具体问题。1974—1978 年被称为"响应"时代，1978 年之后，企业开始采取严格的管理和组织行动来解决企业社会责任问题。这些行动包括更换董事会、审查企业道德规范以及使用社会绩效信息披露。尽管很难界定此类时代划分的具体日期，但墨菲的划分是有用的，且与我们目前的讨论大体一致。

如前所述，多年来，企业社会责任通常被称为社会责任，而不是企业社会责任。这可能是因为现代企业在商业领域中占据卓越和支配地位的时代还没有到来，也未被人们注意。霍华德·R. 鲍恩出版了具有里程碑意义的著作《商人的社会责任》(*Social Responsibilities of the Businessman*)，这标志着这一主题的现代时代的开端。

鲍恩对企业社会责任的态度源于这样一种信念，即当时数百个巨大的商业体是权力和决策的重要中心，而且这些商业体的行为都触及了公民生活的方方面面。在鲍恩提出的许多问题中，有一个问题与此具有特殊相关性，即"商人应该对社会承担什么样的责任"有趣的是，我们今天仍在讨论同样的问题。

鲍恩所说的社会责任或企业社会责任是什么意思？鲍恩是明确表达社会责任

定义的人之一。他对商人的社会责任初步定义如下：社会责任是指商人按照社会的目标和价值，向有关政策靠拢、做出相应的决策、采取理想的具体行动的义务。

鲍恩的书特别关注社会责任理论，因此我们可以看出他是如何对该主题进行严谨讨论的。鲍恩继续指出，社会责任并不是解决所有商业社会问题的灵丹妙药，但是它包含了一个重要的真理，用于指导未来的商业活动。由于鲍恩早期的开创性工作，卡罗尔认为他应被称为"企业社会责任之父"。鲍恩的书及对理论的定义代表了20世纪50年代最值得关注的相关领域作品。

莫雷尔·希尔德的著作《商业社会责任：企业与社会，1900—1960》是一个详尽的资料来源，可以进一步证明在这一时期以及更早之前，商界人士在多大程度上采用和践行了企业社会责任。尽管希尔德没有简洁地陈述社会责任的定义，但他对20世纪上半叶的企业社会责任的理论和环境进行了有趣且富有启发的讨论。

从希尔德的讨论中可以清楚地看到，企业社会责任的定义与鲍恩先前的描述具有一致性。20世纪50年代的其他重要文献包括塞莱克曼的《管理的道德哲学》（1959），希尔德的《管理层对社会的责任：一种思想的成长》（1957），及理查德·埃尔斯的《自由社会中的企业捐赠》（1956）。

在总结企业社会责任在20世纪50年代的含义时，早期企业社会责任的先驱之一威廉·弗雷德里克断言，20世纪50年代有三个核心思想：企业经理作为公共受托人的理念，平衡对企业资源的竞争，主张及接受将慈善事业视为企业支持公益事业的一种表现形式。受托人职责的概念始于20世纪20年代，并于20世纪50年代逐渐成熟。平衡相互竞争的主张预示着利益相关者时代的到来。参与慈善事业，可能是最切实的企业社会责任实践之一，参与慈善事业也始于20世纪20年代左右。

缪尔黑德写过一部企业贡献史，他认为慈善事业或企业贡献是企业社会责任的表现形式，在20世纪40年代至50年代处于创新和合法化的时期。在此期间，捐赠仍然是临时性的，在某种程度上是由于决策者的心血来潮，并且主要是响应受益组织的要求。受助者包括基督教青年会、美国红十字会、当地社区基金会和当地医院。

就企业社会责任而言，20世纪50年代是"空谈"多于"行动"的十年。这是一个态度转变的时期，企业管理阶层开始学着适应企业社会责任的说法。尽管鲍恩要求企业进行具体管理和组织变革来提高对日益增长的社会问题的响应能力，从而展示出其走在时代前列的缘由，但在企业社会责任方面，除了慈善捐款之外，几乎没有企业采取相应的行动。鲍恩的提议包括改变董事会的组成，在管理中更多地体现社会视角，运用社会审计，对企业管理人员进行社会教育，制定商业行为准则，以及进一步研究社会科学。尽管没有太多证据表明这一切都是在20世纪50年代或者之后不久实现的，但是鲍恩提出了一系列有趣的管理战略供人们进一步思考和反思，这些战略在数年后浮出水面，成为企业社会责任管理的标准做法。

二、20世纪60年代，企业社会责任的观念和实践层出不穷

在20世纪50年代及以前，企业社会责任理念的根据有限，在20世纪50至60年代的10年里，企业社会责任的含义试图被更正式或更准确地表述出来，这是一个重大进展。在20世纪60年代，学者们努力阐述企业社会责任的含义。基思·戴维斯是这一时期较早且著名的界定企业社会责任的学者之一，他后来在其商业和社会教科书和文章中广泛地阐述了这一主题。戴维斯阐述了他对社会责任的定义，他认为社会责任是指商业人士在进行决策与行动时，至少也要考虑在企业直接的经济与技术利益之外的部分。戴维斯认为，社会责任是一个模糊的概念，所以必须放在管理的背景下来看待。此外，他表示，一些履行社会责任的商业决策可以在较长的时期内被证明是正确的，因为它们可以给企业带来长期经济效益，可以作为企业履行社会责任的报偿。之后，戴维斯因其观点而闻名遐迩，因为这种观点在20世纪70年代末至80年代被普遍接受。戴维斯对早期企业社会责任理论研究的贡献是非常巨大的，以至于他被认为是"企业社会责任之父"鲍恩的继承者。

此外，威廉·弗雷德里克也是对于早期社会责任理论发展很有影响力的研究者。他认为，社会责任意味着出于对社会经济和人力资源的公众立场，愿意利用

这些资源服务于广泛的社会，而不仅仅是服务于个人和企业的利益。

克拉伦斯·沃尔顿是一位重要的商业和社会思想家，他在其1967年出版的《企业社会责任》一书中论述了企业社会责任的许多方面，并在一系列丛书中论述了企业和商人在现代社会中的作用。在这些重要的著作中，他提出了许多不同的社会责任变体和模型。他对社会责任的认识概括是：新的社会责任概念认识到企业与社会之间的亲密关系，并意识到在企业和相关集团追求各自目标时，高层管理人员必须牢记这种关系。

沃尔顿接着强调，企业社会责任的基本要素包括一定程度的自愿性、非强迫性和一定的经济成本，其经济收益可能无法衡量出来。

在20世纪60年代，慈善事业仍然是企业社会责任最显著的表现形式。事实上，缪尔黑德将20世纪50年代中期至80年代中期称为企业贡献的增长和扩张时期。

三、20世纪70年代，企业社会责任概念的扩展

在20世纪60年代末，社会责任的商业行为包括慈善、员工环境改善（工作条件、劳资关系、人事政策）、客户关系和股东关系等主题。在20世纪60年代，企业社会责任方面的论述仍然多于行动。

希尔德的开创性著作《企业的社会责任：公司和社会，1900—1960》引领我们进入了20世纪70年代。虽然希尔德没有对社会责任概念给出一个简洁的定义，但很明显，他对这一概念的理解与20世纪60年代及更早时期提出的定义是一致的。在他的书的序言中，他断言自己关注的是"商人自己定义和承担的社会责任"的概念。他认为，商人的社会责任概念的含义必须最终在与他们相关的实际政策中寻求。他以历史的方式描述了面向社会的项目、政策和企业高管的观点。他的叙述表明，这一时期的商界人士非常专注于企业慈善事业和社会关系。

哈罗德·约翰逊的《当代社会中的商业：框架与议题》（1971）是这一时期论述企业社会责任的一本著作，书中对企业社会责任给出了多种定义和观点。约翰逊首先提出了他所谓的"传统智慧"。"传统智慧"的定义：一个具有社会责任感的企业体现在其管理人员能够平衡多种利益群体。一个负责任的企业不仅要为股

現代企业管理与社会责任理论研究

东争取更大的利益，还要考虑员工、供应商、经销商、当地社区和国家的利益。

值得注意的是，约翰逊影射的是利益相关者评价法的前身，因为他提到了利益多元化，并且实际上列举了其中一些特定的利益群体。很明显，员工和慈善事业受助者的利益不再是企业社会责任的唯一目标。

美国经济发展委员会在其1971年出版的《商业公司的企业社会责任》一书中对企业社会责任的概念做出了开创性的贡献。其认为，企业活动须得到公众的认可，其基本目的是为社会的需求提供建设性的服务，以使社会满意。美国经济发展委员会指出，企业与社会之间的契约正在发生重大变化。商业公司被期望承担比以往时候更加广泛的社会责任，并服务于更广泛的人群。商业公司，被要求为整个国家贡献的更多，而不仅仅是提供一定的商品和服务。由于商业公司的存在是为了服务社会，它的未来取决于企业的管理对公众期望变化的反应。

美国经济发展委员会还阐述了社会责任的三个同心圆概念。核心圈包括明确的基本职责，以有效执行经济职能——产品、就业和经济增长。中圈包括履行这一经济职能的责任，并敏感地意识到社会价值观念和优先事项的变化，例如，环境保护，雇主和雇员的关系以及客户对信息、公平待遇和免受伤害的更严格的期望。外圈概述了企业应承担的新出现的、仍然不明确的责任，以便企业更广泛地参与改善社会环境行动。

对企业社会责任观念影响最大的是美国经济发展委员会，该委员会由企业界人士和教育界人士组成，因此反映出重要的从业者观点，即企业与社会之间不断变化的社会契约以及企业新出现的社会责任。值得一提的是，在20世纪60年代末至70年代初，有关环境、工人安全、消费者和员工的保护倡议已准备从发起阶段上升到正式的政府政策。

乔治·斯坦纳是20世纪70年代一位重要的企业社会责任学者。在他的教科书《企业、政府与社会》（1971）的第一版中，斯坦纳就该主题做了详尽的论述。斯坦纳遵从了戴维斯和弗雷德里克对企业社会责任的定义，他也对此发表了自己的看法。他认为，从根本上说，企业一定是一个经济机构，但是它确实有帮助社会实现其基本目标的责任，因此也确实具有社会责任。企业规模越大，所承担的责任就越大，但是所有企业都可以享有一定的收益，而且通常是短期收益和长期收益并存。

斯坦纳没有详细阐述定义，但他扩展了企业社会责任的含义和适用环境。例如，他讨论了企业社会责任可能应用的具体领域，并提出了确定企业社会责任的模型和标准。

戴维斯在其具有里程碑意义的文章《企业可以负担起忽视社会的责任吗？》中再次讨论了企业社会责任，该文章介绍了支持和反对企业承担社会责任的案例。在文章的引言中，他引用了两位著名的经济学家对该主题的不同观点。首先，他引用了米尔顿·弗里德曼的观点，没有什么趋势能像企业的经营者接受社会责任，而非尽最大可能为股东们赚钱那样，能够从根本上破坏我们自由社会所赖以生存的基础。然而，戴维斯又用另一位杰出的经济学家保罗·萨缪尔森的话反驳了这一观点，萨缪尔森认为如今的大企业不仅要承担社会责任，还必须尽好责。除了这些观点，戴维斯在1973年将企业社会责任定义为企业在法律要求之外，从社会利益角度出发的一系列行为。然后，戴维斯继续讨论了迄今支持和反对企业承担社会责任的观点。戴维斯在20世纪60年代对企业社会责任理论发展做出了一定贡献。

尽管埃尔斯和沃尔顿在其《商业概念基础》一书的第一版中谈到了企业社会责任概念，但他们在第三版中详细阐述了这一概念。他们用一章的篇幅阐述了企业社会责任的"近期趋势"。他们不仅仅关注定义本身，更关注企业社会责任含义的演变。

他们观察到，从最广泛的意义上讲，企业社会责任代表着对社会需求和目标的关注，而不仅仅是对经济的关注。就目前存在的企业制度只能在自由社会中有效运作而言，企业社会责任运动广泛关注企业在支持和改善社会秩序方面的作用。

埃尔斯和沃尔顿对企业社会责任运动以及学术界和从业人员在这时如何看待这一主题也进行了广泛的讨论。

在20世纪70年代，越来越多的人提及企业社会响应、企业社会绩效以及企业社会责任。一个主要的研究者S.普拉卡什·塞西对此做出了区分。他在其研究著述《企业社会绩效的维度：分析框架》中讨论了企业社会绩效的维度，在此过程中，企业的社会行为被分为社会义务、社会责任和社会响应。在塞西的提要中，社会义务是响应市场力量或法律约束的企业行为，只有经济的标准与法律的标准，而社会责任是在社会义务之上的。他指出，社会责任意味着将企业行为提升到与主流社会规范、价值观和绩效期望相一致的水平。

塞西表示，虽然社会义务在本质上是禁止性的，但社会责任在本质上是规定性的。塞西模式的第三个阶段是社会响应，他把社会响应看作企业行为对社会需求的适应。这一阶段具有前瞻性和预防性。

1975 年，在名为《私人管理和公共政策：公共责任的原则》的著述中，普雷斯顿和波斯特试图把注意力从企业社会责任的概念转移到公共责任的理念上。他们认为道琼斯关于社会责任的评论值得重温。道琼斯阐述了这个时代的许多作家对企业社会责任的关注。他表示，"社会责任"一词很精彩，它对每个人都有意义，但并不总是一样的。对一些人来说，它传达出了法律责任的概念；对一些人来说，它意味着在道德上具有社会责任感的行为；对一些人来说，它所传达的是因果关系中"负责"的含义。许多人只是将其等同于慈善捐赠，一些人把它理解为有社会意识。在"归属""适当"或"有效"的语境中，许多热切拥护它的人仅将其视为"合法性"的同义词。少数人认为这是一种信托义务，它赋予商人以比一般公民更高的行为标准。

普雷斯顿和波斯特跟随道琼斯的思路，就社会责任发表了看法：面对大量不同且并非始终一致的用法，我们将自己对"社会责任"一词的使用限制为模糊且高度笼统的社会关注感，这似乎是各种临时管理政策和做法的基础。这些态度和活动大多是善意的，甚至是有益的，很少有明显有害。但是，它们与管理单位的内部活动或与所在环境缺乏基本联系。

普雷斯顿和波斯特继续指出，他们更青睐"公共责任"一词，该词在公共环境的特定背景下对组织管理的职能进行定义，他们对公共责任的原理的阐述是管理责任的范围并不是不受限制的，而是明确地定义为所包含的首要和次要的领域。他们用"公共"取代"社会"是为了强调公共政策这一过程的重要性，不同于个体的主张，公共政策可以作为目标和评价标准的依据。尽管普雷斯顿和波斯特的理论提供了重要的观点，但"公共责任"一词在文献中并没有取代"社会责任"一词。

20世纪70年代中期出现了两篇关于企业社会责任的早期研究案例。鲍曼和海尔进行了一项研究，旨在了解企业社会责任，并确定企业在多大程度上参与了企业社会责任。虽然没有正式定义企业社会责任，但他们说明了代表企业社会责任的主题类型。他们所用的主题通常是年度报告中各章节的副标题，例如企业责任、社会责任、社会行为、公共服务、企业公民、公共责任和社会响应。对这些主题的回顾表明，虽然20世纪70年代企业社会责任的各种定义不断发展，但他们很清楚企业社会责任的大致含义。

20世纪70年代中期，桑德拉·霍姆斯进行了一项研究，她试图收集高管对企业社会责任的看法。像鲍曼和海尔一样，霍姆斯对企业社会责任没有明确的定义。相反，她选择向高管们展示一组关于企业社会责任的声明，以试图了解其中有多少人同意或不同意该声明。与鲍曼和海尔的"主题"一样，霍姆斯的声明也涉及在这一时期被普遍认为是企业社会责任的内容。例如，她就企业营利的责任、遵守规定、帮助解决社会问题以及这些活动对利润的短期和长期影响等征求高管的意见。霍姆斯通过确定高管们对企业社会参与的预期结果以及高管们在选择社会参与领域时使用的因素，进一步补充了有关企业社会责任的知识体系。

1979年，卡罗尔提出了一个企业社会责任定义，并将其嵌入企业社会绩效的概念模型。他的基本观点是，经理或企业要想参与企业社会绩效，就需要具备以下条件：了解对企业社会责任的基本定义，明确企业社会责任的不同类型，了解并列举存在的社会责任问题，明确对问题做出响应的战略规范。

卡罗尔认为，企业社会责任是指在给定的时间内社会对组织的经济、法律、伦理、自由决定期望的总和。

尽管卡罗尔给出的定义包含了经济部分，但是直到今天仍有许多人认为经济的部分是企业为其自身服务的，而法律、伦理和自由决定的部分是企业为社会的其他方面服务的。尽管这种区别很吸引人，但卡罗尔认为，经济责任也是企业在维持商业系统运转时为社会所做的贡献，只不过大家很少如此看待罢了。正是由于这个原因，卡罗尔对企业社会责任的定义中包含了经济责任。他对企业社会责任的基本定义包括经济、法律、伦理和自由决定责任，后来被称为企业社会责任金字塔，经济责任构成了金字塔的基础。

在 20 世纪 70 年代这 10 年间，有许多著作开始提出管理方法对企业社会责任的重要性。企业社会责任的管理方法是企业管理者运用传统的管理职能来处理企业社会责任问题的方法。因此，企业被提倡要预测和规划企业社会责任，组织企业社会责任，评估社会绩效，并将企业社会政策和战略制度化。如前所述，企业对于企业社会责任表现为空谈大于行动，特别是在学术界。

四、20 世纪 80 年代，衍生理论的发展

20 世纪 80 年代，对新的或更精确的企业社会责任定义的研究让位于对企业社会责任，以及衍生理论概念和主题（如企业社会响应、企业社会绩效、公共政策、商业道德和利益相关者理论）的研究。但是研究者对于企业社会责任的兴趣并没有消失，只是开始转向其衍生理论的概念、模型或主题。因此，我们将继续在思想和行动上关注企业社会责任的发展。

托马斯·琼斯在 1980 年从一个有趣的视角出发，对企业社会责任进行了讨论。他对企业社会责任的定义如下：企业社会责任是除股东外，企业对社会中的相关团体负有法律或合同规定以外的责任。企业社会责任必须具备两个关键特征：其一，企业社会责任必须是自愿的，受法律强制或合同影响的行为不是自愿的；其二，企业社会责任是企业对股东的传统责任之外，对消费者、雇员、供应商与企业所在社区成员等社会群体的责任。琼斯通过列举支持和反对企业社会责任的各种论据来总结关于企业社会责任的辩论。琼斯的主要贡献之一是他强调企业社会责任是一个过程。他认为，对于"什么是社会责任行为"这个问题很难达成共识，企业社会责任不应被视为一种结果，而应被视为一个过程。琼斯认为，将企业社会责任视为一个过程是经过修订或重新定义的概念。在讨论实施企业社会责任时，他继续阐述了企业如何参与企业社会责任的决策

过程，此决策过程应构成企业社会责任行为。

弗兰克·托佐利诺和巴里·阿曼迪试图通过提出一种按照马斯洛需求层次理论构想的需求层次框架，来开发一种能更好评估企业社会责任的机制。他们认同了卡罗尔对企业社会责任的定义，建立了一个分析框架以促进企业社会责任的实施。他们的组织需求层次没有重新定义企业社会责任，而是试图表明，组织像个人一样，有需要实现或满足的需求，就像人们在马斯洛需求层次理论中所描述的那样。托佐利诺和阿曼迪继续阐述了组织如何具有生理、安全、归属、尊重和自我实现的需求，这些需求与马斯洛所描述的人类的需求相似。他们将层次结构表示为可以合理评估对社会负责的组织绩效的概念工具。在某种程度上，卡罗尔的企业社会责任金字塔以某种类似于马斯洛需求层次理论的分层方式展现了企业的社会责任。

埃德温·M.爱泼斯坦对企业社会责任进行了解释，并试图将社会责任、响应能力和商业道德联系起来。他指出，这三个概念密切相关，甚至涉及重叠的主题和事项。他认为，企业社会责任就是要努力使企业决策结果对利益相关者产生有利的而不是有害的影响，企业行为的结果是否正当是企业社会责任关注的焦点。

除了阐述企业社会责任外，爱泼斯坦还定义了企业社会响应和商业道德，然后将它们整合到他所谓的企业社会政策过程中。他认为，企业社会政策过程的核心是在企业组织内实现以下三个要素的制度化，即商业道德、企业社会责任和企业社会响应。

虽然很难对20世纪80年代最重要的企业社会责任问题进行分类，但弗雷德里克提出了"20世纪80年代社会责任议程"，该议程与这一时期的商业环境密切相关或略为超前。20世纪80年代受到重视的问题包括环境污染、就业歧视、消费者滥用权力、雇员健康和安全受威胁、城市环境恶化以及跨国公司的恶劣做法等方面的商业行为。一个重要的研究课题是企业社会责任与企业营利能力的关系研究。

利益相关者理论和商业道德是20世纪80年代发展起来的关于企业社会责任的两个非常重要的主题。弗里曼于1984年出版了他关于利益相关者理论的经典著作《战略管理：利益相关者方法》，虽然这本书侧重于战略管理，但它在后来的几年中对企业和社会、企业社会责任以及最终的商业道德领域产生了重大的影响。20世纪80年代是一个道德丑闻被广泛报道的时期，这一时期的道德丑闻引起了公众对管理和企业不法行为的关注。

1984年美国联合碳化物公司在印度博帕尔的工厂发生泄露爆炸，造成数千人死亡，在南非经商的公司明显支持种族隔离的争议。20世纪80年代中后期伊万·博斯基（Ivan Boesky）内幕交易丑闻也许并非巧合。有人认为，1987年轰动一时的电影《华尔街》中，企业高管的虚构角色——坏人戈登·盖科，是以博斯基的一场演讲为原型的。博斯基在演讲中辩称，贪婪是件好事。基于同样的主题，20世纪80年代的十年经常被描绘成"贪婪"和"自我"的十年。

五、20世纪90年代，企业社会责任让位于衍生理论

概括来说，不难发现，在20世纪90年代，企业社会责任理论没有得到进一步发展。最重要的是，企业社会责任概念是其他衍生概念和主题的基石或出发点，其中许多概念和主题包含企业社会责任思想，并与企业社会责任完全兼容。20世纪90年代，企业社会绩效、利益相关者理论、商业道德、可持续性和企业公民等主题继续发展并备受瞩目。大量研究试图考察企业社会绩效与财务绩效之间的关系。斯旺森试图重新定位基本的企业社会绩效模型。我们不会详细探讨这些主题，因为它们超出了我们目前关注的企业社会责任概念和实践的范围，而且每个主题框架都有自己广泛而丰富的文献。

企业公民比其他任何概念都更能与企业社会责任相抗衡。企业公民是否真能成为一个独特的研究领域，或者仅仅是阐明或构建企业社会责任的一种方式，仍有待观察。企业公民既可以是广义的，也可以是狭义的。根据它被定义的方式，这一概念和之前的主题或理论会有不同程度的交叉。可持续性是一个重要的衍生主题，在20世纪90年代引起了人们的极大兴趣。虽然最初是根据自然环境来定义的，但它逐渐发展成一个涵盖更广泛的社会和利益相关者环境的概念。

20世纪90年代结束时，《美国管理学会期刊》出版了一期关于"利益相关者、

社会责任和绩效"的专刊（1999 年 10 月）。这期专刊继续探索企业社会责任与其他概念（如利益相关者）之间的联系，但没有在企业社会责任文献中添加新的定义。哈里森和弗里曼概述了六项出色的成果，以阐明有关利益相关者、社会责任和绩效的基本理念。

20 世纪 80 年代末至 90 年代，慈善事业得到了很大发展。缪尔黑德将这一时期的企业捐赠描述为"多样化和全球化"。出现了更多的跨国公司，大公司的组织内部开设了越来越多致力于企业捐赠的管理职位。企业捐赠、企业社会责任和公共事务的管理者变得司空见惯。道德与合规官协会成立于 20 世纪 90 年代初。新的概念，如全球社会投资、企业声誉、社区伙伴关系、企业社会政策等，在大公司中变得显而易见。在管理理念或政策方面，战略捐赠、与事业相关的营销、国际捐赠、员工志愿服务成为许多企业社会责任举措的一部分。企业社会责任倡议的受益者涵盖教育、文化和艺术、卫生和公共服务领域，包括公民和社区、国际捐赠者、非政府组织伙伴。在 20 世纪 90 年代，受益者已遍布全球。

20 世纪 90 年代商业活动领域的企业社会责任取得了最显著的进步。1992 年，一个名为"企业社会责任"（BSR）的非营利组织成立，代表在其公司中承担社会责任的倡议和专业人士。该组织的官网这样描述了该组织：企业社会责任组织是一个全球性组织，它以尊重道德价值观、人、社区和环境的方式帮助成员公司取得商业成功。通过实施对社会负责的商业政策和活动，公司可以实现可持续发展，从而使利益相关者和股东受益。通过提供工具、培训和定制咨询服务，企业社会责任组织能够利用企业社会责任打造竞争优势。

作为企业社会责任的全球领先资源，企业社会责任组织为其成员企业提供专业知识，用来设计、实施和评估成功的、对社会负责的商业活动，为会员提供广泛的实践资源，包括培训计划、技术援助、研究和商业咨询服务，企业可通过面对面会议、定制出版物和访问网站获得帮助。

企业社会责任组织对企业社会责任的定义相当广泛，包括商业道德、社区投资、环境治理、人权、市场和工作场所等主题。它还指出，通常可以互换使用各种术语来谈论企业社会责任，这些术语包括商业道德、企业公民、企业责任和可持续性。从实用的管理角度来看，企业社会责任组织认为，企业社会责任被视为一整套政策、实践和计划，通过企业整合到商业运营、供应链和决策过程中。

除了企业社会责任组织得以发展并被大众认可外，从 20 世纪 90 年代一直到今天的一个主要趋势是出现了许多不同的企业，它们在实施企业社会责任行为方面享有良好的声誉。尽管其中一些企业对某些行为的诚意值得怀疑，但像美体小铺、本杰里冰激凌、巴塔哥尼亚、埃斯普利特、艾凡达和通菲尔德农场这样的企业代表了一些规模较小的企业，它们在实施企业社会责任行为的同时成长壮大。享有企业社会责任相关声誉的大企业包括国际商业机器公司、强生、耐克、默克、保诚保险、列维·施特劳斯、可口可乐、联合包裹、麦当劳和赫曼·米勒等公司。

六、21 世纪：改进、研究、衍生主题、管理实践和全球扩张

到 21 世纪初，人们重视的不再是企业社会责任概念和意义的理论研究，而是对这一主题的实证研究，将利益从企业社会责任中分离出来，并将其纳入相关主题，如利益相关者理论、商业道德、可持续性和企业公民。然而，一些关于企业社会责任构建的发展和实证研究仍在继续。要对 21 世纪初的企业社会责任做出准确的概括，还需要时间。概念研究和实证研究的结合为 21 世纪初的企业社会责任发展提供了线索。

布莱恩·赫斯特提出了企业社会绩效的权变理论。他认为，企业社会绩效是社会问题的本质与其相应策略和结构之间契合的函数。这种契合将形成诸如企业社会响应、问题管理和利益相关者管理等元素的集成。

《商业与社会》（2000 年 12 月）一期题为"重新审视企业社会绩效"的专刊提出了许多不同的企业社会责任观点，其中大多数文章中均体现了企业社会责任和企业社会绩效。罗利和伯曼提出了一个全新的企业社会绩效类型。他们认为，企业社会绩效的未来发展方向不应建立在企业社会绩效的整体概念上，而应将企业社会绩效简化为可操作的措施。格里芬认为，企业社会绩效是 21 世纪的研究方向。她认为现有的相关学科研究（如市场营销、人际关系）可以帮助我们加深对企业社会绩效的理解。

2001—2002 年，企业社会责任的新概念并没有占据主导地位，备受瞩目的是将企业社会责任或企业社会绩效与其他相关变量联系起来的实证研究。在一项对家族企业的研究中，琼斯和穆雷尔研究了对社会绩效典范的公众认可如何对股东的业务绩效产生积极影响。史密斯等人研究了多元化特征和利益相关者角色在多大程度上影响了被调查个体对企业社会导向的认知。巴克豪斯等人探讨了企业社会绩效与雇主吸引力之间的关系。研究人员发现，求职者确实认为企业社会绩效对于企业评估很重要，企业社会绩效重要的方面是环境、社区关系、员工关系、多样性和产品问题。研究人员并没有打造企业社会绩效的概念模型，而是通过研究与企业社会绩效相关的其他方面对其进行大致了解。

在概念方面，施瓦茨和卡罗尔提出了一种三个领域相互交叉模型来研究企业社会责任。三域模型将卡罗尔提出的四类企业社会责任简化为三类，即经济、法律和伦理。该模型以维恩图的形式呈现，替代了他早期提出的企业社会责任概念。三域模型有助于解决商业道德领域出现的问题，它把慈善范畴归为道德范畴，并认为慈善事业可以从伦理和自由决定两方面进行概念化。三域模型更全面地讨论了这三个领域，并提出了维恩图的每部分表示的组织特征，这些特征在分析企业时可能有用。通过改变模型中每个要素（经济、法律和伦理）的规模和主导地位，其设想了不同的企业社会责任"画像"，可以作为分析企业的基础。

从商业角度来看，企业社会责任"最佳做法"备受关注。菲利普·科特勒和南希·李编写的《企业的社会责任》一书收录了这些"最佳做法"，该书针对的是商业读者。他们论证怎样依据企业社会责任建立一种新的经营方式，将成功和价值创造与对利益相关者的尊重和积极态度结合起来。科特勒和南希介绍了 25 种"最佳做法"，可以很好地帮助企业开展企业社会责任计划。这些做法被分为六种主要的社会倡议，并附有一些实例，它们有效地构成了 21 世纪企业社会责任的全部内容。这些类别包括：公益宣传（提高对社会公益的认识和关注）；公益营销（以销售为基础的公益活动）；企业社会营销（行为改变倡议）；企业慈善（企业直接进行捐赠）；社区志愿服务（员工在社区中贡献时间和才干）；对社会负责的商业行为（自由决定行为和投资公益事业）。

现代企业管理与社会责任理论研究

在过去的 20 年里，特别是在 21 世纪初，企业社会责任运动已经成为一个全球性现象。其中，欧洲共同体对企业社会责任产生了更大的兴趣。根据经济合作与发展组织（OECD）2001 年编写的报告，企业社会责任方面的自愿性倡议已成为近年来国际商业的主要趋势。经济合作与发展组织关于企业社会责任的倡议揭示了一些关于企业社会责任的重要发现。其中一些重要的发现值得注意。企业社会责任无疑已经成为一种全球现象，但在落实到实践中时，还存在着显著的区域差异。相对于因法律规定而不得不实施的举措，企业更乐意实施其他可以自由决定的举措。尽管商讨仍在进行，但企业已采取初步行动，以期对商业行为的社会规范达成共识。

大量关于法律和伦理准则的专业管理知识涌现出来。这是由于企业日常实践、管理标准、专业协会以及专业咨询和审计服务方面产生的制度化支持。经济合作与发展组织尚未明确有关企业社会责任倡议的成本，但可以确定的是，企业社会责任倡议会给企业和社会带来巨大收益。最后得出结论，企业社会责任倡议的有效性，特别是在欧洲，与更广泛的私人和公共治理体系的有效性密切相关。

杰里米·穆恩关于企业社会责任在英国如何演变的讨论，为企业社会责任在欧盟的发展提供了一个重要的实例。他将企业社会责任视为英国社会治理的一部分，并将其嵌入一个旨在指导社会发展的系统中。与美国一样，英国企业社会责任或许也发源于 19 世纪的商业慈善事业。穆恩认为，尽管企业社会责任在 20 世纪 70 年代就被讨论过，但在 20 世纪 80 年代初的美国，由于失业率高、城市衰败和社会动荡，企业社会责任应运而生。在 20 世纪 90 年代，企业社会责任的概念从社区参与扩展到永久关注对社会负责的产品和员工关系。在英国的企业中，企业社会责任的显著特征是，企业中负责企业社会责任的员工增加，通过标准规范将企业社会责任嵌入企业系统，社会报告有所增加，以及企业与非政府组织或政府组织之间的伙伴关系更加密切。此外，企业社会责任保护组织，企业社会责任咨询业的兴起和发展，对投资界的兴趣以及高等教育中企业社会责任倡议的增加，都进一步强化了这些举措。与美国和世界上其他发达国家的情况类似，英国的企业管理者将企业社会责任制度化，上市公司每年都有义务发布企业社会责任报告。

由哈比奇等人编辑的主要著作《企业社会责任在欧洲》记录了企业社会责任在欧洲的传播，这是关于可持续性和全球化的激烈辩论的一部分。他们声称，企业社会责任在十年前几乎是不为人知的，但现在它已成为商界人士、工会会员、消费者、非政府组织和研究人员重要的讨论话题之一。

全球企业社会责任的未来是什么？最乐观的观点似乎占了上风，史蒂芬·D.利登伯格在他的著作《公司与公众利益》中精彩地描述了这一观点：引导看不见的手。利登伯格将企业社会责任视为一项重大发展，得益于人们长期再评估企业在社会中的作用。利登伯格表示，这种再评估在欧洲更为明显。在欧洲，人们更容易假设利益相关者的责任观念，但美国商人对此假设持怀疑态度。然而，他又指出，从长远来看，欧洲对企业社会责任的影响将很难抗拒。

对比乐观的观点，大卫·沃格尔对企业社会责任持怀疑态度，他在《道德市场：企业社会责任的潜力和局限》一书中提出了这一论点，他在书中批评了企业社会责任的成功。沃格尔认为，只有当主流企业开始将企业社会责任的某些方面作为企业以往或未来业绩的关键时，企业社会责任才会取得成功。换句话说，企业社会责任的成功与否取决于它是否增加了企业的利润。在回应沃格尔的质疑时，我们必须注意到，这种财务目标和社会目标的融合体现了企业社会责任在过去20年的发展轨迹。

从企业社会责任的发展趋势和实践中可以明显看出，社会责任既包含伦理或道德因素，也包含商业因素。在当今竞争激烈的世界中，很明显，企业社会责任只有持续为企业增值，才能实现可持续发展。但必须注意到，社会和公众在构成企业成功的因素中扮演着越来越重要的角色，而不仅仅是企业高管。因此，企业社会责任在全球商业舞台上有着光明的未来。然而，全球竞争的压力将继续加剧，企业社会责任的"商业案例"将始终是人们关注的焦点。

七、战略与企业社会责任的整合

自从麦克威廉姆斯和西格尔（2001）首次提出企业社会责任的视角以来，战略性企业社会责任的经济理论不断发展。在《企业社会责任：企业视角理论》中，作者论证了如何将成本效益分析作为优化企业社会责任活动的战略工具。为了有效应用此分析工具，管理者必须将企业社会责任视为一种正常商品（其需求随收入增加而增加的商品），并在没有任何先入为主的想法或规范性承诺的情况下分析其需求和供给。只有正确分析供需状况，管理者才有望做出具有战略性或经济意义的企业社会责任决策。企业社会责任理论所隐含的重要偶然性因素包括研究与开发、广告、组织规模、多样化、政府销售、消费者收入、劳动力市场状况和行业生命周期阶段。

交易成本经济学提供了一个重要的理论见解。交易成本经济学并没有假设企业社会责任是零成本的，而是明确了先前理论上未被承认的内容，即利益相关者管理。利益相关者管理以提高利益相关者满意度为最终目标，这往往要消耗大量的资源，包括时间、财务和人力资源，企业要确定相关的利益相关者群体，与集团代表进行谈判，并监测他们的满意度。从长远来看，企业社会责任可以增强信任，并可能降低交易成本。但是，从短期来看，管理者必须在所有战略决策中考虑交易成本。将交易成本分析应用于组织在环境伙伴关系方面的战略决策。显然，这种交易成本逻辑也可以更广泛地应用于涵盖企业社会责任的非伙伴关系层面的所有正式和非正式合同。

战略性企业社会责任即所谓的企业资源观。根据这一理论视角，如果组织的资源和能力是有价值的、罕见的、无法效仿的和不可替代的，它们将成为组织竞争优势的源泉。麦克威廉姆斯和西格尔利用企业资源观框架构建了企业社会责任"利润最大化"的形式化模型。他们的模型假设，有两家企业生产相同的产品，但有一家企业赋予其产品额外的社会属性或特性。一些消费者以及其他利益相关者都很重视这一社会属性。如前所述，该模型还假设管理者进行成本效益分析，以确定用于企业社会责任活动的资源水平。因此，他们将企业社会责任作为产品、业务和企业层面差异化战略的一部分。

一些研究者提出了企业社会责任需求的概念，因此企业可以制定企业社会责任战略以实现并维持竞争优势。一些经济学家认为，企业社会责任是企业为维护当地的公共利益（如社交网络、社区发展）而提供的私人服务或减少社会公害（如污染）的行为。因公共利益而提供的私人服务这一概念是战略性企业社会责任的重要延伸。企业资源观的一个有趣的延伸表明，企业可以将政治影响力与企业社会责任战略结合在一起，以提高监管壁垒，防止外国竞争对手使用替代技术（这可能会降低劳动力成本）。

这些研究的不足之处是未将个人与企业社会责任或相关成果联系起来。换言之，企业社会责任研究者通常不注重考虑微观层面的因素（如企业社会责任价值观和领导力）。话虽如此，专注于企业社会责任和个人关系的研究已经开始出现。此类工作在本质上是跨层次的。例如，企业对企业社会责任的投资以及社会活动会影响员工的态度，反过来依据员工的态度也可以预测企业营业额和绩效等。与良好的财务绩效相比，当企业具有良好的企业社会责任声誉时，其员工的认同感更强，绩效更高。

其他近期的多层次研究则集中在企业领导行为上。首席执行官的激励行为（例如，帮助下属以新的思维方式看待旧问题，解决问题要触及复杂问题的核心等）更多地与组织资源和投资能力相关，这些可以同时提高企业社会责任和财务绩效。这项研究揭示了领导行为与企业社会责任成果之间的潜在联系。

瓦尔德曼和西格尔（2008）讨论了面向企业社会责任的领导层的战略基础和利益相关者基础。西格尔阐述了战略领导者和决策者为落实企业社会责任而严格采取的工具主义方法。也就是说，只有在预测到股东收益可观的情况下，领导者才应该考虑投资企业社会责任。相反，瓦尔德曼认为，这样的方法可能会阻碍随着时间的推移使企业受益的企业社会责任的长期计划（如员工发展、客户安全创新等）。具体来说，瓦尔德曼提出了一种基于利益相关者理论的领导方法，该方法需要领导者在其决策过程中努力平衡多个利益相关者的需求，即使无法轻易确定具体的短期收益。显然，这样的决策会增加风险，但是某种程度的冒险行为和大胆行为也表明战略领导极为高效。

两项基于经验的证据得以产生，以支持瓦尔德曼的战略领导和企业社会责任方法。一方面，企业社会责任的声誉往往是企业财务绩效的最佳预测指标。对于决策时注重平衡多个利益相关群体需求的领导者来说，他们可能会更青睐长期的声誉，而不是通过在企业社会责任上的投资获得短期收益。最终的结果是，随着时间的推移，减少对企业社会责任短期收益的关注，实际上可能会提升盈利能力，这也许是自相矛盾的；另一方面，当领导者在战略决策中强调平衡多个利益相关者需求的必要性时，下属则认为领导者可以起到激励人心的作用。这种认知会促使下属更加努力工作，并致力于提升企业财务绩效。相反，那些在决策过程中主要强调经济因素（如利润和成本控制）的领导者则被认为不能起到激励人心的作用，企业也并没有提升盈利能力。

总而言之，这些发现表明，组织领导者或战略决策者或许不会因严格遵守工具主义观点而受益，相反他们可能会因长期关注基于利益相关者的价值观和激励人心的领导行为而获益良多。美国西南航空公司的前总裁赫伯·凯莱赫和全食超市的创始人约翰·麦基都是后一类领导者的典型代表。凯莱赫一再表示，在他的整个职业生涯中，他首先关心的是员工，其次是客户，最后才是利润。虽然有些人可能会认为，他只是为了拉拢员工和客户，但真实型领导理论表明，只要领导者始终采取与语言相一致的行动，就会增加这种说法的可信度。换言之，就他们一贯"言行一致"的态度而言，这样的领导者及其信奉的价值观在本质上应该是更真实的。

第二节　企业社会责任对企业管理的重要性

企业社会责任是指企业在经营活动中对其利益相关者的责任，它通过自身的德行承诺为社会经济发展做出一定的贡献，并改善员工及其家庭的生活质量，推动当地商业活动的发展。企业社会责任的产生建立在企业的经营必须满足企业长期可持续发展这一理念的要求基础上，即企业除了需要考虑自身的财务和经营状况外，还应该考虑企业本身对社会及其社会生态环境的影响。然而，部分企业只考虑了自身的经营状况和发展，却忽略了对社会和生态的责任。企业社会责任最早是由西方发达国家提出来的，且这一思想得到了迅速的传播及应用。据了解，西方发达国家的一些主流杂志，如《财富》和《福布斯》等，在对企业进行排名时，均会将"企业社会责任"作为衡量标准之一。由此可见，西方发达国家也很重视企业对社会责任的承担。一般而言，企业发展得越快、越好，其承担的社会责任就会越大。同时，企业资产的增加，从某种意义上来说，也将促进社会整体财富的增长。除此之外，一个企业的成功往往会归功于它所创造的企业价值的积累，这也是它对社会责任的一种体现。可以说，一旦企业愿意承担起应该承担的社会责任，将会是新时代社会主义文明建设的强有力的推动者和创造者。作为整个市场经济有生力量的企业，就应该肩负起应该承担的企业社会责任，从而促进自身与社会的可持续发展。

一、我国企业发展现状

我国企业作为我国国民经济发展的重要组成部分，最直接鲜明的特点是数量多、分布广。我国企业在整个市场经济中有着绝对的数量优势。然而，由于市场更新较快、企业规模较小、资金不充足、科技含量较低等原因，使得企业的市场竞争力较弱，特别是当出现较大或不可控制的风险时，它们的抗风险能力明显较弱。因而，一些企业存在着发展时间短，寿命短的现象。

二、我国部分企业社会责任感缺失的表现

企业社会责任是指企业在创造利润和追求利润最大化的同时，还承担着对员工、消费者、社会以及环境等相关利益者的责任。然而，我国部分企业的社会责任意识较为淡薄，它们为了追求利润，弃社会、环境等利益于不顾，具体表现有：

（一）破坏生态环境

据国家统计局和环境保护总局统计，在我国，相当部分企业存在着严重的环境污染问题，它们已然成为我国生态环境污染的主要源头。这足以说明我国部分企业是以牺牲环境为代价来谋求企业发展的。

（二）侵犯员工利益

新时代下新的企业管理理念能保障员工福利，为员工创造健康安全的工作环

境，同时，企业还能够关注员工的未来职业规划发展，为不同的员工提供可选择的价值实现渠道，帮助员工实现个人价值。然而，部分企业在发展过程中，往往会无视员工的自身利益，存在超负荷工作、工作环境恶劣、人身安全缺乏保障等现象。这些不良现象的普遍存在，使企业的人才流失严重，从而使社会就业环境更为紧张。

（三）侵害消费者权益

新时代下，仍有一些企业为追求企业利润，制造不合格产品，生产假冒伪劣产品，这使得消费者丧失了对产品质量的信心。企业的造假行为，阻碍了社会经济的发展，不利于良性市场环境的建立。

（四）缺乏社会公益责任

良好企业形象的树立，大多数得益于企业对社会公益事业所做出的贡献。但根据相关数据显示，部分企业在社会公益等方面的关注度不高。而这些企业的行为，在一定程度上也损害了自身在社会大众心中的形象。

三、我国企业承担社会责任的重要性

我国部分企业社会责任感缺失，这些企业迫切需要树立企业社会责任感，规范自身行为，履行社会责任，从而实现可持续发展。

（一）企业承担社会责任，有利于维持与利益相关者的长期关系

一般来讲，狭义的企业利益相关者分为四类：第一类是劳动力提供者；第二类是资源提供者；第三类是消费者；第四类是社会。这四类利益相关者之间都有着密切且不可分割的关系。广义的企业利益相关者除了上述四类之外，还包括员工、客户和政府。通常，在自由的市场经济中，企业及其利益相关者的关系几乎是平等的。正是由于它们之间相互依赖且缺一不可的关系，才促进了企业的经济发展和财富积累。因此，企业特别是中小企业必须要坚定保持这种关系的依赖性，以保证自身能够得以持续发展。

可以说，企业的生存和发展从来都不是独立完成的，而是良好的社会环境为

企业提供了大量人力、文化等资源，以及优惠的投资条件和保障，这才使得企业能够顺利发展。因此，企业特别是中小企业在发展时应当考虑社会需求，即在追求自身经济利益的同时，也要兼顾社会利益。由此可见，企业想要谋求长远发展，必然要兼顾其利益相关者的权益。

（二）企业承担社会责任，有利于增强竞争优势

随着经济全球化的深入发展，企业之间的竞争是愈发激烈，且竞争范围也在日益扩大，这就造成了企业的竞争已不仅仅是市场占有率的争夺，还有服务和品牌上的竞争。不仅如此，企业竞争归根到底也是人才的竞争，高素质的人力资源亦为企业获取竞争优势提供了强有力的保障。这就使得企业在承担企业社会责任时，必须要尊重员工人权，贯彻以人为本的管理理念和价值观。

首先，企业承担更多的社会责任，能够获得良好的社会信誉。企业的第一社会责任是诚信经营。唯有以诚为本，以消费者需求为出发点，提供优质的产品和服务，才能赢得消费者对企业的认可，并以此树立良好的信誉。今天，越来越多的消费者和投资者都在从众多的企业中寻找知名度高、信誉好的企业，他们不仅看中企业的品牌价值和服务能力，也更加重视这些企业的社会行为和社会价值。毫无疑问，这对企业当下和未来的发展都有着积极而深远的影响。

其次，企业承担更多的社会责任，有利于提高自身的道德标准。通常，一个实力雄厚的企业，除了已有的经济实力、管理水平、技术技能和有素养的员工外，还对自己有着道德要求。"以道德为基石的企业文化的形成和发展，是一个企业走向成熟的标志。"罗宾斯认为，企业社会责任不止意味着企业只遵循法律法规和经济义务，它更是对实现可持续发展这一长期目标的追求。

因此，企业要想最终实现可持续发展，增强自身竞争力，势必要立足于长远目标，遵循一定的道德标准，主动承担更多的社会责任，以此来促进企业、市场和社会的共同繁荣。

（三）企业承担企业社会责任，有利于实现可持续发展

实现企业的可持续发展要求企业在追求经济利润的同时，还要实现社会价值和环境价值。企业社会责任对工作环境的改善、对员工的激励都有着积极的影响。可以说，企业社会责任有利于为企业创造一个更加宽松舒适的经营环境；有利于增强员工的主人翁感，并以此来提高员工的创新能力；有利于帮助企业为决策者和经营者安排生产活动；有利于企业获得政府的支持，获得更多的政府补贴和优惠政策。同时，企业社会责任也是一种高效的宣传方式，如果企业能够长期稳定地以高标准的优质服务来接触客户，那就会吸引到更多的客户。因此，企业要想实现可持续发展，创造更多价值，势必要立足于政策，从社会出发，从员工和消费者的角度出发，努力承担社会责任。

总之，企业承担企业社会责任，不仅有利于企业自身的长远发展，即提高企业产品质量，增强企业服务意识，提升企业市场竞争力，帮助企业开拓市场领域，获取更多利润。除此之外，企业承担企业社会责任还有利于促进新时代中国特色社会主义发展、生态环境发展，有利于提高员工权益保障和社会福利保障等。可以说，企业应顺应世界潮流承担企业社会责任，在满足自身稳定且长远发展需要的同时，更应当充分发挥其社会角色，从而确保企业能够更加长久地发展下去，最终实现企业的可持续发展。

第三节　战略性企业社会责任基本内涵

战略性企业社会责任是主动的战略行为，企业自主地将社会责任与企业的战略管理予以融合，将承担社会责任列为企业愿景，融于企业的经营理念，贯穿企业的生产经营活动，塑造出亲和力高、号召力强的企业文化和品牌形象，使社会资源得以有效整合，创造利于企业发展的内外环境，提升企业的社会责任竞争力，奠定企业的可持续发展基石。

战略性企业社会责任是完全不同于传统企业社会责任的新概念，并且将社会问题在企业中的地位提升到一个新的高度，将其纳入企业的内在核心价值体系。承担战略性企业社会责任是企业获取可持续竞争优势，充分发挥对社会的积极影响，创造共同价值的战略机会。战略性企业社会责任给企业实现自我价值提供了一种崭新的思路。它要求企业基于共生的社会理念，将社会利益归入企业内部的核心价值体系，并且把企业的积极社会影响视作企业整体战略的重要组成部分。

国内外现有相关文献主要涉及战略性企业社会责任的概念研究、战略性企业社会责任与财务绩效的关系研究、战略性企业社会责任对企业竞争力的影响研究、战略性企业社会责任创造共享价值的研究、传统企业社会责任和战略性企业社会责任的比较研究等。

一、国外战略性社会责任内涵研究

沃特克（Wartick）和科克伦（Cochran）将企业社会责任金字塔模型中的社会议题管理分为政治议题（与立法问题相关）管理、战略议题（与企业战略有关）管理和社会议题（与社会价值和态度问题有关）管理，并认为社会议题管理为长期以来被批评为虚化的、与企业真实目标相背离的企业社会责任研究提供了具体方法。

迈尔斯（Miles）通过对保险行业大公司高层领导、生产线资深管理人员、外部关系职业人员深入系统的观察和密切的个人接触，对企业的社会责任实践进行了较为充分的整理和归纳。

伯克（Burke）和洛格斯登（Logsdon）在《企业社会责任如何获得回报》（*How corporate social responsibility pays off*）这一研究中提出了战略性企业社会责任概念，认为传统的企业社会责任行为对利益相关者而言是有价值的，但对企业而言是非战略性的。战略性企业社会责任能够为企业的核心业务提供支持，从而带来商业利益。这一概念为之后的研究提供了新的方向。研究指出，战略性企业社会责任是能够提升生产效率、凝聚核心竞争力并带来长期利润的企业社会责任，研究提出了战略性企业社会责任的五个维度，即中心性、专用性、前瞻性、自愿性和可见性。

约翰·埃尔金顿（John Elkington）指出企业必须将利润、社会正义和环境质量同时作为企业生存和发展的三个基本"底线"，并纳入企业发展战略。

巴伦（Baron）按照企业活动的动机差异将企业社会责任行为明确区分为三种

类型，分别是以利润最大化为目的、以应对社会活动家的威胁为目的和以利他为目的的社会责任行为，并认为以利润最大化为目的的社会责任行为具有明显的盈利指向性，就是战略性企业社会责任行为。但是利润最大化是个短期目标，而战略具有长期性、全局性特征，他的"盈利指向性就是战略性"的观点并没有被学术界广泛接受。仅根据动机来区分是否为战略性企业社会责任也难以做到界限分明。

兰托斯（Lantos）从行为动机的视角指出战略性企业社会责任是企业实现社会福利和商业目标的长远性和战略性的慈善行为。兰托斯从责任性质和责任动机两个方面，将企业社会责任划分为战略性、伦理性和利他性三种类型。他认为战略性企业社会责任指能够作为营销手段提升企业形象、增进企业利润的社会责任；伦理性企业社会责任指使企业日常经营对社会的损害最小化的社会责任；利他性企业社会责任指所有能够提高整个社会福利水平和生活质量的慈善行为。扎勒（Sarre）也认为，虽然法律和法规能够发挥一定的作用，但把企业社会责任纳入企业管理，发展战略性企业社会责任，形成企业社会责任文化，能够有效防范不遵守商业道德而导致的企业灾难甚至社会灾难。

波特（Porter）和克莱默（Kramer）认为，企业从事公共事业的目的并不局限于获得社会认同，而是专注于企业竞争力的培育。2006 年，在《战略与社会：竞争优势与企业社会责任之间的联系》（*Strategy and society：The link between competitive advantage and corporate social responsibility*）这项研究中，波特和克莱默以竞争优势理论为基础，对战略性企业社会责任进行了阐述，提出企业与社会的共享价值。履行战略性企业社会责任的目的就是企业在解决社会问题的过程中追求企业与社会的共享价值，获得生存和发展的可持续性优势。他们将其划分为战略性企业社会责任和回应性企业社会责任：前者不仅包括慈善活动，还包括一些能对社会产生积极影响并强化企业价值链的活动；后者包括两个方面，企业一方面应该适应利益相关者的社会关注，另一方面应该缓解或消除已存或将有的负面影响。2011 年，波特又在《创造共享价值》中指出，企业可以通过创造共享价值来提升社会责任竞争力，而创造共享价值的过程就是企业履行战略性企业社会责任的过程，并在文中详细介绍了创造共享价值的方法及相关理论。这一概念与波特在战略管理领域内的研究成果一脉相承，使其概念框架更为完整，他根据企业应对社会问题的不同行为模式，将战略性企业社会责任活动的创新划分为企业价值链创新和竞争环境投资分析。以此作为战略性企业社会责任履行的出发点，也能够较好地指导企业实践。因此，这一概念一经提出，立即引起理论和实务界的热议，被后来的学者广泛采用。

潘恩（Paine）认为，对商业道德的重视可以提升风险管理水平，改善内部职能，促进市场定位，进一步提高企业的形象和地位。瓦尔德曼（Waldman）等将战略性领导理论应用于企业社会责任，他们的研究展示了企业领导者的某些行为与企业倾向于承担企业社会责任存在正相关关系，而且这些领导者是在战略性运用企业社会责任活动。

维特（Werther）和钱德勒（Chandler）认为企业在履行社会责任时，应该根据其内部优势和外部机会，并根据企业的愿景来制定发展战略，进而在满足社会要求的前提下实现经济目标。

赫斯特德（Husted）和艾伦（Allen）将传统企业战略、传统企业社会责任和战略性企业社会责任进行了比较分析，认为战略性企业社会责任有以下特点：使利益相关者对含企业社会责任价值的产品建立意识；管理企业与利益相关者关系，增加企业价值；积极参与法律要求之外的社会活动；与社会问题相关的产品、服务创新可以创造价值；从预期社会问题中寻求当前的市场机会。他们在伯克和洛格斯登所提出的中心性、专用性、前瞻性、自愿性和可见性五个维度的基础上比较了战略性企业社会责任和传统企业社会责任，指出战略性企业社会责任的优势在于它将社会问题融入企业的战略范围中，在寻找解决社会问题方法的过程中探索市场机会，进行适当的创新，创造新的价值。

迈克威廉斯（Mc Willams）和西格尔（Siegel）则提出了一个广义的战略性企业社会责任定义，认为能使企业获取持续竞争优势的一切"负责任的"行为，即能够提升企业竞争力的履责行为都属于战略性企业社会责任行为。

戴维·钱德勒（David Chandler）在其著作《战略企业社会责任——利益相关

者、全球化和可持续价值的创造》中，提出了优先利益相关者的理论，该理论将企业的利益相关者分为三个层次：组织利益相关者、经济利益相关者以及社会利益相关者。他们分别代表了企业股东、消费者和政府，企业将根据自己的发展战略对三者进行排序，然后根据排序情况来决定优先满足哪一方的需求。该理论是在传统的利益相关者理论上的延伸。该书在该理论视角下讨论战略性企业社会责任的概念，提到最成功的企业是那些能够对其他利益相关者优先于股东进行考虑的企业。在此基础上，该书还提出了可持续价值的概念，这与波特提出的共享价值概念如出一辙，他们从资源与产业视角，阐述了战略性企业社会责任的意义。

二、国内战略性社会责任内涵研究

应该把履行企业社会责任与培育竞争优势结合起来，履行企业社会责任是为中国企业培育竞争优势的主要切入点，并由此提出了软竞争力的概念。陈留彬通过确定权重加成的方法将企业在各个社会责任项目中的实践程度进行计算，得出一个可以衡量企业履行社会责任程度高低的测度指标，为研究企业履行社会责任的总体程度奠定了基础：关于战略性企业社会责任的概念，国内学者杨东宁认为，战略性企业社会责任是企业从战略视角出发，自主履行企业社会责任，继而影响企业价值的战略行为。基于可持续发展的理念，许正良和刘娜从计划、分析、实行和控制等方面构建了企业社会责任与企业战略目标管理相融合的框架。

我们可以将社会责任战略分为消极反应、抵御、适应和提前采取行动四种战略。消极反应战略指没能甚至不愿意按照社会责任方式行动，并尽可能地躲避或隐瞒的不负责任行为；抵御战略指采取不积极的防御战略，得过且过；适应战略指比较自觉地使企业的行为与公共法则保持一致，尽力对公众的期望负责，以适应社会对企业的要求；提前采取行动战略指在责任到来之前采取行动，肩负起社会赋予企业的责任，以防患于未然。

企业应以承担社会责任为愿景，将诚信经营、节约能源、爱护环境、善待员工、热心社会公益的经营理念贯穿企业采购、研发、生产、销售以及市场服务等价值链的各个环节，塑造具有高度亲和力和感召力的企业文化和品牌形象，更加有效地整合社会资源，创造有利于企业经营和发展的内外部环境，进而打造企业的社会责任竞争力，获取竞争优势，保证企业可持续发展。

刘斌等提出企业社会责任创新战略。他们通过构建动态规划模型和对社会需求模型进行修正，分别从宏观和微观角度分析可持续发展和社会需求下的企业社会责任创新战略，并用严格的数学模型证明企业承担社会责任是实现企业可持续发展和国家可持续发展目标的必由之路。他们将企业社会责任战略定义为，企业为获取相对于竞争对手更为有利的地位与发展潜能，根据环境变化和自身能力而对资源运用所做出的全局性、综合性、策略性的规划和部署，以实现企业在持续和谐环境下追求长期价值最大化的目标。

汪建新等从战略的高度来看企业社会责任。他认为企业社会责任本质是在经济全球化背景下企业对其自身经济行为的约束，它既是企业的宗旨和经营理念，又是企业用来处理与利益相关者关系的准绳，它超越以往企业把赚取利润作为唯一目标的传统理念，更强调企业对人的价值的关注，对消费者、对环境和对社会的贡献，以及通过实施企业社会责任来获得战略收益。

刘思华通过探讨企业社会责任内涵及其战略意义，对企业社会责任进行战略思考。他认为应通过对企业价值链分析，找出与企业交叉的社会问题，企业在承担社会责任的同时实现价值创造，并设立专门的社会责任管理机构来负责管理。

张旭、宋超、孙亚玲通过实证研究，表明承担企业社会责任可以提升企业竞争力。

邓玉华对企业社会责任竞争力给出了更加具体的定义：企业社会责任竞争力是企业利用自身专业能力和优势缓解或消除发展过程中面临的社会或经济问题，实现社会价值和经济价值创造的统一，使履行社会责任成为为企业和社会创造共享价值的能力。他认为应该将企业社会责任与企业日常运营相结合，将培育企业社会责任竞争力作为提升企业竞争优势的重要组成部分，这是企业未来持续发展的重要保证。

王守霞等在《战略性企业社会责任研究》一文中表示，战略性企业社会责任相对于传统的企业社会责任更容易在企业中得到支持，战略性企业社会责任从创造商业机会、增强企业核心能力和降低企业风险等多方面提升企业的共享价值，为企业的长期发展带来经济绩效。企业不仅满足了服务于社会的意愿，而且在帮助他人的过程中自身得到了提升，履行了对股东的责任。文中还提出战略性企业社会责任可以从边界研究的角度进行进一步研究。例如，大学教授在学校教书育人的同时担任某公司的顾问，医院的医师从事多点执业等，这些情况下关于哪一方应该承担社会责任或者哪一方应承担更多的责任是存在争议的，尚须进一步明确。关于战略性企业社会责任的实证研究也需要从多个层面进一步深入探讨。比如，研究战略性企业社会责任的运行特征、决策机制、管理模式等，使战略性企业社会责任体系的研究更加全面和完善。在实证研究中最好能够引入某个企业的案例作为实践支撑，从而使实证研究更具可靠性。

孟维祯在《战略性企业社会责任、共享价值与企业社会责任竞争力——以中国保险业为例》中提到，战略性企业社会责任就是将对企业社会责任的考虑包含在企业战略和目标的设定过程中，将企业社会责任延伸到企业的整个价值链，具体来说，应主要从四个方面进行定义：①企业将社会责任视角纳入其战略设计过程；②企业所采取的任何行动与核心运营相关；③包含利益相关者视角；④管理资源和与核心利益相关者的关系的视角是从短期发展到中期以至于长期。这四个重要方面的结合，保证了强制性企业社会责任与非强制性企业社会责任的有机结合，从而使其具有战略性。

第六章　企业社会责任中管理者视角的分析

第一节　利益相关者视角

一、利益相关者理论的缘起和发展

利益相关者理论发源于战略管理领域，然后发展成为组织理论和商业伦理的一部分。利益相关者理论的社会责任论述使此理论融入了管理学中的社会问题，近年来，利益相关者理论开始涉及关于可持续发展的讨论。这一理论在 20 世纪 90 年代中期才崭露头角，它在 1995 年中国科学院主办的《管理评论》特刊中受到关注，并在 20 世纪 90 年代后期走向高潮。

（一）弗里曼利益相关者理论的发展

瑞典的莱曼等认为，过去利益相关者的合法性是建立在对企业的所有权和专业管理技能的基础上的，而现在这种观点受到抨击。一些消费者对企业社会责任提出了新的要求，工人们要求在政策制定和决策过程中拥有发言权。与国家经济实力相当的大型跨国公司的出现，使人们认识到，这些私营机构对人类生活的影响可与政府的政治影响相提并论，因此，它们的权利影响到哪些人的福祉，就要为哪些人承担责任。尽管如此，弗里曼是第一个在他的开创性著作《战略管理：利益相关者方法》中全面阐述利益相关者理论框架的学者。弗里曼借鉴了企业规划、系统理论和企业社会责任等理论，以发展利益相关者理论。他认为，现有的管理理论没有能力应对商业环境中正在发生的变化，这些变化包括收购增加、激进主义、外国竞争、劳资关系变革、全球资源市场、超国家组织、不断兴起的消费者运动、日益增长的环境问题以及通信技术的改变。为了证明他的观点，弗里曼援引了一系列案例，如在 1970 年美国的《清洁空气法》（Clean Air Act）颁布后，通用汽车公司的产品未能与高品质和高燃料效率的日本进口产品进行有效竞争，石油输出国组织（OPEC）推动油价上涨。

弗里曼认为，这些环境"转变"发生在内部利益相关者（所有人、客户、员工和供应商）和外部利益相关者（政府、竞争对手、客户权益主张者、特殊利益组织和媒体）之间。因此，他提醒经理人需要考虑所有能影响企业经营活动或被企业经营活动影响的团体或个人。他进一步提出，应利用市场的细分技术对利益相关者进行分类，以更好地了解他们的利益，并预测他们的行为。弗里曼详细介绍四种利益相关者一般管理策略，即进攻策略、防御策略、摇摆策略和保持策略，这些策略可以补充波特的基本竞争战略。此外，他认为利益相关者理论应该用于股东和公司董事会，并提出应该修改法律，赋予管理人员对所有利益相关者（不仅仅是股东）的信托责任。这一提议在后来几年引起了很大的争议。总体而言，弗里曼的利益相关者理论在内容上具有高度的战略意义，因为人们认为，将利益相关者的利益纳入考量范围，在提高企业绩效方面起到了重要作用。

后来，弗里曼与埃文合作撰写了《战略管理：利益相关者的方法》，并与吉尔伯特合作撰写了《公司战略与企业伦理》。这两部作品都将利益相关者的管理与道德哲学融合在一起，这背离了他最初的工作战略重点，但是为规范性的利益相关者理论的诞生铺平了道路。这导致该理论受到第一批实质性批评，因为它把利益相关者作为达到目的的手段和目的本身。弗里曼的基本论点是，不同哲学家所支持的道德叙述的多元性不应该受期望的影响而趋同，利益相关者管理也不应该囿于这些叙述中的任何一种。因此，他认为解决分离问题的根据在于"管理"利益相关者理论。他进一步解释了这一隐藏的缺陷，并指出：我们需要将利益相关者理论视为管理理论，这与商业实践、价值创造和贸易密切相关。从重新定义价值创造和贸易实践的意义上讲，这是其最初的推动力，以确保那些对此实践具有"利害关系"的人予以关注。弗里曼在与合作者一起努力完善和捍卫这一理论。他们纠正了一些善意的误读，比如认为利益相关者理论需要修改法律，或者认为它是一种全面的道德学说。此外他们澄清了一些重要的曲解，包括断言利益相关者理论是管理机会主义的借口。他们还为利益相关者理论辩护，反对桑达拉姆（Sundaram）和英克潘（Inkpen）的批评，因为该批评指出利益相关者理论阻碍企业承担风险，并使公司治理复杂化。在 20 多年的时间里，弗里曼撰写了几十篇关于这个主题的文章、书籍，并继续担任利益相关者理论的高级受托人。

（二）重要发展和定义时期

通过对现存文献内容的分析，我们发现，利益相关者理论经历了三个主要阶段。

1. 第一阶段

第一阶段，从 1984 年到 1991 年，我们称之为孵化阶段。在此期间，新兴的利益相关者文献主要局限于会议记录、论文、从业者期刊和书籍，伍德（Wood）对当时文献的回顾和利益相关者理论的引用列表就是证明。值得注意的是，卡罗尔（Carroll）发布了一本以利益相关者理论为核心的有影响力的商业和社会教科书。

2. 第二阶段

第二阶段，1991 年到 1998 年的这个阶段，我们称之为增量增长阶段，它促进了利益相关者理论的发展。在这一阶段，一些重要的学术期刊上出现了开创性的论述。例如，利益相关者理论在 1995 年的《管理评论》特刊中有专题报道，其中包括唐纳森（Donaldson）和普雷斯顿（Preston）的文章。该文章区分了利益相关者理论的三个分支：描述性（企业如何行为）、规范性（企业应该如何行为）和工具性（行为如何影响绩效）。在我们的样本中，除了 36 篇文章之外，其他所有的文章都符合这个类型（53 篇描述性文章，63 篇规范性文章，27 篇工具性文章）。在同一问题上，克拉克森（Clarkson）总结了 70 个领域的研究，支持"关注利益相关者问题比关注一般的社会问题更有利于公司绩效"的观点。在这一阶段利益相关者理论还得到了三个专门学术会议的支持：会议两次在加拿大多伦多举行，一次在芬兰于韦斯屈莱举行。这些会议试图促使利益相关者理论作为商业和社会领域被广泛接受的范例而兴起。在这些会议之后发表的报告表明，利益相关者理论的研究已经取得了很大进展，但其要成为更复杂、更清晰的理论，还有很多工作要做。在此期间，托尼·布莱尔（Tony Blair）在采访和公开演讲中使用了利益相关者理论，为研究人员的学术构架提供了参考。

3. 第三阶段

第三阶段，于 1999 年左右开始持续到现在，我们称之为成熟阶段。这一阶段，人们对利益相关者理论的关注显著增加，尤其是在涉及管理领域的社会问题上，这引发了诸如"可以说利益相关者理论在某种程度上已经席卷了该领域"等观点。在此期间产生的大量文献引出了三篇重要的评论文章，例如，斯托尼（Stoney）和温斯坦利（Winstanley）回顾了期刊中描述的利益相关者理论，研究了意识形态、实施和竞争力问题。沃尔什（Walsh）回顾了三本有关利益相关者理论的著作，他认为这些书很少给被要求进行社会投资的商业领袖提供建议。卡勒（Kaler）对规范的利益相关者理论进行了持续的多阶段审查。

可能是由于利益相关者理论在管理话语体系中的影响日益凸显，它受到了股东至上主义者的抨击。詹森（Jensen）将利益相关者理论描述为对 200 年经济理论和研究的一种侮辱，并认为利益相关者理论掌握在那些希望利用公司资源达到自身目的的特殊利益者手中。相反，在 2007 年 7 月出版的《管理评论》中有一个关于企业作为社会中介的专题论坛，其中包括 5 篇关于利益相关者理论的文章。

一些文章提到了利益相关者的定义和显著性。对其的整体认识可以追溯到弗里曼对利益相关者的经典定义，即能够影响一个组织目标的实现，或者受到一个组织实现其目标过程影响的所有个体和群体。仔细阅读其论述可以发现，弗里曼最感兴趣的是"受影响"类别，因为它们可能会对公司产生潜在影响。弗里曼认为，要成为一名有效的战略家，你必须与那些会影响你的以及会受你影响的团体打交道，并要做出反应（从长远来看是有效的）。最初的定义可能引起了寻求更具社会反应性管理理论的研究者的注意，但也受到了批评，因为"可能影响"导致利益相关者一词失去了许多实际意义，这样的批评也得到了证明。有人表示如果所有的实体，只要它们对公司有影响，就必须纳入管理考虑的范畴，那么我们为什么要支持利益相关者管理理论呢？这种定义上的歧义已导致伦理学家以及商业和社会研究人员对规范性问题产生了特殊的兴趣，那么管理者应该注意哪些利益相关者？同时，社会学家试图明确一个相关的经验问题：管理者真正关心哪些利益相关者？

规范性问题产生了一系列答案，从狭义的利益相关者观点出发，即只有那些对公司行使职权或承担风险的人，从广义的利益相关者观点来看，还包括无力影响公司的人，甚至非人类实体。在定义利益相关者的那些文章中，只有 10 篇是从狭义角度出发，而 94 篇则是从广义角度阐述利益相关者定义。另外，有 31 篇文章专门探讨边缘化的利益相关者。

米切尔（Mitchell）、阿格尔（Agle）和伍德综合了大约 20 种不同的利益相关者识别研究，认为利益相关者必须具备以下三种属性中至少一种，即权力性（拥有影响企业决策的地位、能力和手段），合法性（被赋予法律上、道义上或者特定的对于企业的索取权）和紧迫性（能立即引起企业管理层的关注）。这些性质通过后续研究得到了合理的经验支持。帕伦特（Parent）发现，权力性对利益相关者的显著性影响最大，其次是紧迫性和合法性。但是，德里斯科尔（Driscoll）和斯塔里克（Starik）质疑米切尔等人提出的利益相关者属性的全面性，认为它们"不足以囊括近、远，短期和长期以及实际存在和潜在的利益相关者"，他们建议将生态可持续性纳入利益相关者理论。其他人则认为，利益相关者的显著性是组织文化和承诺的函数，随组织生命周期的不同而不同，并且取决于产业的政治化框架。

为了对利益相关者进行分类，人们提出了一些相互竞争的类型。例如，A. L. 弗里德曼（Friedman）和迈尔斯（Miles）认为，组织和利益相关者之间极为消极和高度冲突的关系被忽视或分析不足，并期待社会变革理论来构建它们的类型学。

二、利益相关者理论在企业社会责任研究领域的进展

许多学者转向利益相关者理论来完善企业社会责任的概念。唐纳·伍德的企业社会责任研究提供了与利益相关者理论的重要联系。伍德第一次明确提出了企业社会责任是对企业目的的挑战，从股东的视角来看企业目的是利润最大化，转变为"社会"视角企业目的就需要包括一些更大的社会利益。但他所做的还不止于此。事实上，这只是利益相关者理论方向的第一步，要完成这一过渡，还需要

再往前走一步。正如我们在前面所论证的那样，在战略管理中采用利益相关者的方法，需要放弃股东价值最大化是企业主要目的的想法，而接受这样的想法，即在确定企业目的时必须考虑到特定的利益相关者群体（那些能够影响或受企业活动影响的人）的利益。这并不是说要忽视股东的观点，而是说必须将其纳入企业更广泛的利益相关者观点中。

伍德重新审视了企业社会绩效的概念，试图进一步发展最初由卡罗尔提出、沃特克（Wartick）和科克伦（Cochran）修订的模型。伍德发现这些模型有三个明显的局限。首先，它们将企业社会绩效定义为不同组成部分之间的相互关系，而忽略了一个事实，即企业社会绩效必须根据行动和结果来定义，而不是根据相互关系来定义。其次，它们倾向于用一个单一的过程来识别社会反应，而企业可以通过许多不同的过程来应对社会问题。最后也是最重要的，沃特克和科克伦将政策赋予了太多限制性的作用，因此没有认识到，除了书面的、正式的政策之外，更广泛的企业行动、行为和方案可以改善组织的社会绩效。如果政策不存在，就不能推断出社会绩效不存在。

鉴于这三个局限，伍德建议将企业社会绩效定义为企业组织对社会责任原则、社会反应过程以及与企业社会关系有关的政策、方案和可观察到的结果的配置。伍德认为，这种定义的好处有两个方面。一方面，它没有把社会责任作为完全不同于企业绩效的东西孤立起来；另一方面，它为我们提供了一个用于评价商业产出的结构，必须与关于适当的商业社会关系的明确价值观相结合。

同样，温莎（Windsor）对企业社会责任概念的发展史做了一个良好的总结。他特别批评了管理学中的财富创造运动，其目的是通过利润最大化来增加社会福利。他还声称，企业社会责任的规范性动机和工具性动机很难区分，财务绩效和社会责任之间的联系是混乱的。他的核心主张是，如果企业社会责任要在未来蓬勃发展，就需要一种超越财富创造的更广泛的责任感。在 2006 年的一篇论文中，温莎指出，道德责任观和经济责任观存在着相互竞争的道德框架，并没有很好地融合在一起，企业公民文献也没有有效地综合这两种关注点。他概述了一种工具性的社会责任公民观，将慈善事业视为提高企业声誉和增加市场机会的战略决策。他将利益相关者的观点与他的立场相结合，他表示，影响利益相关者或社会的外部成本构成了实际成本。外部成本会扭曲生产和消费，损害一般福利。这种负担必须由受影响的一方通过投诉、诉讼或改变公共政策来解决。

虽然温莎承认企业对利益相关者可能产生的影响，但他认为调解这个问题的主要手段是政府的干预，而不是管理层的自由裁量和积极行动。

佩德森（Pedersen）在提出论点时首先指出，没有公认的企业社会责任或利益相关者的定义，接着阐述了企业如何将抽象的企业社会责任概念转化为实践。他指出，企业社会责任的定义要承认与利益相关者理论的紧密联系，并接受企业社会责任的折中性质，避免将自己局限于特定的战略、特定的利益相关者和特定的社会与环境问题。他概述了利益相关者对话的五个层次：包容、开放、宽容、授权和透明。这五个层次受意识、承诺、能力和共识等因素的影响。

一个企业社会责任有三种与利益相关者接触的模式：合规模式，即企业社会责任支出被视为经营成本；战略模式，即企业社会责任被视为对企业能力的投资；强制模式，即企业社会责任被视为外部利益相关者强加的一种税收。他们认为，合规和强制模式都削弱了企业创造战略优势的能力。

卡森提供了利益相关者理论的另一个版本，他认为其比古德帕斯特以前的表述更有力地解决了企业的社会目标问题，而古德帕斯特以前的表述与弗里德曼的社会责任观过于相似。卡森认为，企业管理者有促进所有利益相关者利益增加的责任（这是首要责任）。但某些利益相关者所承担的责任比其他利益相关者承担的责任更重要。因此，有时较重要的利益相关者的次要利益会优先于较不重要的利益相关者的较大利益。虽然卡森并没有列出一个评价利益相关者群体重要性的标准，但企业的价值主张可以作为一个重要的出发点。这些方法中的每一种都旨在通过探讨企业如何与特定的利益相关者互动，进一步阐明企业社会责任的概念。

第二节 共享价值的视角

企业着重寻找自身与社会的价值交叉点，将其作为创新和利益增长的源泉，创造与社会共享的价值，可以在提高企业效益的同时承担一部分社会责任。

一、共享价值的概念

2011 年，波特和克莱默在他们 2006 年的研究成果上进行了更深入的研究，较为完整地提出了共享价值的概念。他们指出，共享价值可以定义为企业在提升企业竞争力的同时能够改善其所在地区的经济和社会状况的一系列政策和运营实践，共享价值创造关注的是识别和增强社会与经济进步之间的联系。需要特别指出的是，共享价值的概念应当建立在以价值原则来解决经济和社会进步议题的前提下，即价值被定义为相对于成本而言的效益，而不只是单纯的利益。

大多数企业总是认为价值创造就是指用从客户那里赚取的收入减去成本而获得利润的过程。然而，企业很少从共享价值的视角去看待社会问题，还总是把类似的问题边缘化，而这恰恰成了经济问题和社会问题相互联系的阻碍。企业存在的目的是通过商业行为产生利润和价值。企业并非慈善机构，不应盲目地去进行慈善捐赠，而应创造共享价值，提升经济和社会价值。在如今的社会中，从价值角度看待问题这一方式并不普遍。但越来越多的优秀企业，如通用电气、谷歌、IBM、英特尔、强生、雀巢、联合利华、沃尔玛等已经开始利用识别社会和企业绩效之间的交叉点来创造共享价值。而政府也应当运用能够实现共享价值的方法去监管，而不是违背共享价值。

二、如何创造共享价值

企业可以通过创造社会价值来创造经济价值。有三种不同的方法来实现共享价值：重新思考产品和市场；重新定义价值链上的生产力；在企业所在地开启地方集群发展。以上三种方法都是共享价值良性循环的一部分，一个领域价值提升同样会给其他领域带来机会，更好地将企业的成功与社会的进步连接到一起。共享价值开辟了许多新途径来满足新的需求，创造差异化和扩大市场。

（一）重新思考产品和市场

社会的需求是巨大的，当前的全球经济中仍有前所未有的巨大需求未被满足，人们已经花了几十年去学习如何分析和创造需求，然而还是丢失了这当中最重要的需求。太多的企业忽略了最基本的问题：我们的产品对客户是否有好处？在先进的经济体中，对能够满足社会需求的产品和服务的需求正在迅速增长，为实现这些需求，创新的途径被打开了，并且在这一过程中创造了共享价值，社会成果将会更加丰硕。对于一个企业来说，创造共享价值的起点是确定所有的社会需求、利益和该企业的产品中已有或可能会产生的危害。机会不是静态的，而是随着技术、经济和社会的发展不断变化的，对社会需求的持续探索将引导企业发现、分化并重新定位传统市场的新机遇。企业注意到被忽视了的新的市场，想满足市场的需求往往需要重新设计产品或采用不同的分配方式。

（二）重新定义价值链上的生产力

企业的价值链不可避免地会作用和反作用于社会问题的产生，由于社会问题会在企业的价值链中产生经济成本，创造共享价值的机会也会由此产生。许多企业甚至在没有法规或税收限制的情况下，因为所谓的外部效应而产生了内部成本。例如，过度包装和温室气体排放不只是对环境，对企业来说同样代价高昂。

当企业以一个共同的价值观点和创造新的运营方式去解决社会问题时，协同作用就会增强。以下是一些能够在解决社会问题的同时为企业生产力带来好处的方法，它们能利用共享价值思维去改变价值链，它们之间往往不是独立的而是相辅相成的：能源利用和后勤支持、资源使用、采购、分配、员工生产力、区位。

（三）开启地方集群发展

没有一家企业是完全独立的，每一个企业的成功都受周围的配套企业和基础设施共同影响。生产力和创新被集群的概念深远地影响着。例如，在印度，集群不仅包括企业，还有机构，诸如学术机构、行业协会和标准组织。集群效应还会

169

利用周边社区的更广泛的公共资源，比如学校、水资源、公平竞争法、质量标准、市场透明度等。集群效应是所有成功和不断增长的区域经济的卓越表现，同时它扮演了推动生产力、创新和竞争力发展的重要角色。有能力的地方供应商能提供更高效的后勤支持，从而使协作更容易进行，这些地区中更强大的支持诸如培训、运输服务以及相关的产业也能提高生产力。如果没有集群支持，生产力将严重受挫，集群框架条件的不足也会使企业内部产生成本。

企业通过建立集群来提高工作效率，同时为周围的集群弥补差距或缺失，并以这种方式创造共享价值。为了支持企业所在社区的集群发展，企业需要识别物流、供应商、分销渠道、培训、市场组织和教育机构等方面的差距和不足，把重点放在最能代表企业生产力和增长制约因素的那些不足之处上。并识别那些企业能直接影响，同时共同协作更具成本效应的领域，这便是最能带来共享价值的地方。那些为了解决制约企业的集群弱点而提出的方案会比以社区为中心的企业社会责任项目更高效，因为企业社会责任项目在太多领域都忽视了共享价值，只能产生有限的影响力。企业应尽量争取与合作伙伴共担成本，共赢支持。最成功的集群发展方案包含了自营部门、行业协会、政府机构和非政府组织等。

三、共享价值的测量

尽管世界上许多优秀的企业已经将共享价值的概念引入管理战略中，并对企业自身的利润和社会福利都做出了积极的贡献，但即使是这些企业，在实际应用共享价值时仍然缺少一个可供参考的依据，因为如果企业不能确切地衡量由共享价值驱动的举措给社会带来的影响程度有多大的话，那么企业无法评估出这些商业结果与社会影响的相关程度有多少，会因此而错过重要的创新和成长机遇。因此，2012 年波特、希尔、普菲策、帕切克、霍金斯又提出了共享价值的测量方案。由于此方案旨在衡量不同企业基于自身情况所制定出的特定战略的执行效果，我们可以依照共享价值的三个实现途径来测定：共享价值的层级、社会成果和商业成果。共享价值的测量并不是一次性或是周期性的，而是需要将共享价值与商业策略一同整合并不断循环执行。因此，一个整合了共享价值策略及测定的方案包括四个步骤：第一，在目标中识别社会议题；第二，将商业策划付诸行动；第三，跟踪进度；第四，测定结果并根据分析创造新的价值。其中，第一、第二步是策略方法，第三、第四步是测量方法。

虽然一些企业分别跟踪了社会成果和商业成果的进展情况，但只有少数企业了解社会和企业绩效的联系是如何为价值创造提供机会的。通过这种测量方法来解放共享价值，需要企业深入分析从商业投资和分析中产生的社会成果以及利用社会成果而取得的商业成果。例如，如果一个企业的社区就业技能提升项目能同时创造就业机会和扩大市场，那么它的负责人应该思考如何利用这些强有力的项目要素去进一步造福企业和社会。

四、共享价值在企业社会责任研究领域的发展

文辉昌、朴智敏、金素媛、娜里进一步发展了共享价值理论。他们以企业所创造的企业和社会效益为依据，将企业划分为四类：对社会福利不感兴趣，只关注企业自身利润最大化并且最终对社会造成不良影响的"自私企业"；与"自私企业"相反，对社会做出显著贡献但由于缺乏有效的管理和战略，企业利润并不稳定的"合规企业"；在增加社会价值的同时能增加商业效益的"智慧企业"；与"智慧企业"相反，对社会和企业都没有贡献的"愚蠢企业"。通过比较和分析这四类企业的不同之处可以发现两个重要的变量：道德和战略。这表明，要想成为一家"智慧企业"就必须兼备优秀的运营战略和良好的商业道德。

通过这两个变量可以发现：一个"合规企业"要想成为"智慧企业"，就必须在保持良好商业道德的基础上制定更先进的管理战略，即在企业已有的对社会产生积极效应的领域创造股东利润，而这就是共享价值创造的过程。一个"自私企业"要想成为"智慧企业"就必须在维持企业现有战略水平的基础上提升自己的商业道德形象，诸如捐款、植树这样的行为，也就是普遍意义上的承担企业社会责任。然而这种行为所产生的效果都是一次性的，因为它们既不可持续也没有创造新的价值。至于"愚蠢企业"通常只存在于理论当中，因为即使出现了这样的企业，它们也很难在商业社会中存活下来。

同时，文辉昌、朴智敏、金素媛、娜里将波特的模型与实现共享价值的三种方法对比结合后提出了实现共享价值的第四种方法：重新定义竞争力。当一个企业要进行共享价值创造或是承担企业社会责任时所面临的难题是目标而不是手段。将共享价值或企业社会责任融入企业战略管理的思路可以帮助企业创造出与竞争对手相比同等价值下成本更低的产品，或是同等成本下价值更高的产品。一旦企业确定了自己的目标，那么其他方法就能陆续跟上了：重新思考产品和市场、重新定义价值链上的生产力、开启地方集群发展。

第三节　资源基础理论及其他视角

一、资源基础理论

自然资源基础视角主张，企业超越竞争对手所需的能力依赖于人力、组织和自然资源随时间变化的相互作用。传统意义上讲，能够带来竞争优势的资源符合四项标准：它们应该是有价值的、稀缺的、无法仿效的，并且资源的拥有者能够组织起来以有效地处置资源。

动态能力指出了资源的动态方面，其关注推动资源创造、进化和重组以形成新的竞争优势。因此动态能力是指有组织的、战略性的程序，通过这些程序，管理者能够获取资源、调整资源、整合资源并重组资源以提出能够创造价值的新战略。基于这种观点，一些学者已经确定了可以成为竞争优势来源的社会、伦理资源和能力，如道德决策过程，感知、筹划、响应的进程和适应能力，以及与主要利益相关者（员工、客户、供应商和社区）建立适当关系的过程。

哈特提出了一个更完整的企业的自然资源基础视角模型。它包括动态能力和与外部环境的衔接。哈特认为，新资源和能力开发的最重要驱动力将是自然环境带来的限制和挑战。哈特设计了他的概念框架，该框架具有三个主要的相互关联的战略能力：污染防治、产品管理和可持续发展。他认为持续改进、利益相关者整合和共同愿景是至关重要的。

虽然企业社会责任的概念有多种不同的定义，但大多数定义将企业社会责任描述为企业从事的活动，这些活动似乎推动了超出法律要求的社会议程。从本质上讲，企业社会责任的实质是提供公共利益。商业与社会之间最基础的依赖是经济依赖。这种依赖服务于双方的利益，即与各自功能相关的商业和社会利益。商业活动提供社会需要的产品，社会提供企业维持经营所需的价值。

有证据表明，社会期望企业在履行其职能的同时，不对社会和环境造成任何负面影响。显然，社会和消费者愿意为企业提供的服务支付的费用是有限的。因此，企业若能被视为不破坏环境、不违反社会价值观，也不违背目标客户的期望，它才会受益。此外，除了股东的私人利益之外，一个组织需要满足组织内其他所有人即利益相关者的社会要求。

这一论点所遵循的命题是，企业组织可能不对整个社会负责，但是对直接或间接受其行为影响的人群（利益相关者）负责。这类人群包括不同的群体，在制定和实施商业决策时需要考虑到他们的情绪。这些利益相关者群体包括：组织（员工、客户、股东、供应商）；社区（当地居民、特殊利益群体）；监管者（市政当局、监管系统）；媒体经营者及其他。一个组织所采取为行动会在某些层面上涉及其中一些群体。当组织的行为符合其主要利益相关者所拥护的规范和要求时，组织就会以对社会负责的方式行事。

此外，企业社会责任战略可以被认为是企业资源基础视角中的核心动态资源。它可以为企业决策和采用其他组织资源提供一个总体框架，这些资源共同决定了企业的营销方式和方向。

企业的资源基础视角认为，一个组织要实现其目标，就必须使其内部能力的结构符合外部环境的条件。生产性资源的适当组合可以使企业在所选择的特定目标市场内有效运作，并为其所要创造的特定类型和规模的价值（目标）而运作。企业可以凭借资源的适当组合发展独特的、可持续的竞争优势。这一观点也表明，组织可以通过开发供给稳定、有价值的资源和能力来获得和维持竞争优势。企业内部关键的无形资源和外部市场条件可以作为一个框架，在这个框架内进行创新，可促使企业开发竞争优势，这两者的独特组合可以为开发组织的潜力提供一定的帮助，使组织专注于实现其目标。该理论意味着，需要针对特定类别的业务绩效目标，开发、逐步评估和管理正确的资源组合。

　　资源的动态能力观点表明，能力需要逐步发展和再创造，以使企业在一段时间内能够在竞争中脱颖而出。在无形资源的性质、范围和方向上的渐进式创新，或许可以保护企业的主动性，并创造出一种组合和配置的方式，使其在一段时间内保持相对的可持续性。

　　动态能力观点要求整合、建立和重新配置内部和外部能力，以应对快速变化的环境。企业可以利用动态资源来促进对资源组合的调整，从而保持企业竞争优势的可持续性。

　　关于营销，作为核心战略的企业社会责任，可以说是一种重要的无形资源。企业社会责任可以从实际出发，在组织中植入一种文化价值体系，促使组织在各类利益相关者心目中逐步建立起独特的声誉。

　　营销职能的作用是参与企业社会责任战略的规划和实施，并将社会和环境问题转化为社会和环境营销目标。营销职能在企业社会责任方面的贡献已经在一些举措中得到了体现，例如，事业关联营销和环境营销。这些营销活动和其他发展活动的动机一样，都是通过消费功能来吸引客户并激励他们参与其中。其应用改变了应对营销的挑战时所采用的组织系统化的方法，也改变了需要鼓动和维持的关系。

　　因此，企业社会责任也可以被认为是市场导向战略的一个方面。目标市场的期望被收集、评估，并提供给组织中的所有关键决策者，组织利用这些情报来建立对目标市场的反应机制并做出适当、及时的反应。同时，由于战略营销目标可能是为了支持和促进其他关键组织目标的实现而设计的，预计以消费为基础的企业社会责任战略将促进非营销绩效和营销绩效提升，并与二者产生关联。

二、竞争优势理论

　　企业显然有为股东服务的义务。股东们信任企业管理他们的投资并获得收益。然而，股东并不是唯一与企业活动有利益关系的一方。企业影响着内部和外部众多的团体和个人，所产生的责任远远超出了股东所要求的积极经济回报。

企业社会责任定义了组织对多个利益相关者的影响的考虑，而不是简单地关注股东财富最大化。

但其他的责任并非如此明显，比如企业有义务减少污染等。各利益相关方主张的企业社会责任可能会相互冲突。人和地区的发展当然是企业社会责任的一部分。管理层必须清楚地识别、理解并优先考虑它，以谋划战略目标。各利益相关方对企业社会责任主张不尽相同，在如何管理企业方面，自然会有不同的理念，企业的发展靠各利益相关方协调一致的行为。

企业的经营并不是独立于社会和自然环境之外的。企业的经营既影响到它所管理的员工，也影响到它所处的环境。企业应控制企业绩效的三重底线，即环境、社会和经济底线。随着公众对自然环境的关注度的提高，企业社会责任与环境保护联系在了一起。

企业社会责任抓住了环境保护的道德和法律要求。任何损害其经营环境的企业都无法长久维持。值得注意的是，在一家欧洲公共事业企业中，环境经理在执行管理层之外，是可持续发展的倡导者。环境经理对这三重底线要素之间的联系的理解渗透到战略思想中。

企业社会责任是一种竞争优势。企业社会责任能够提供可持续的竞争优势的原因之一，是企业社会责任需要一种能够成功结合各种活动的文化。有文献支持这样的观点，即企业社会责任需要结合各种活动，如深入研究能够塑造行业未来的力量。

收集关于当前和潜在的社会问题的情报，利益相关者的参与，管理利益相关者的期望、决策，将决策纳入战略计划和战术活动，向利益相关者传达象征性的符号，道德的商业行为，等等。这些与当今流行的一些战略理论的某些方面有联系，如复杂的适应性系统和战略配合。

企业社会责任已经不可逆转地成了企业行动中的重要组成部分。如果管理有效，企业社会责任项目可以在声誉、回报以及员工的积极性和忠诚度方面创造巨大的效益。企业社会责任还可以加强有价值的合作伙伴关系。如果使用得当，企业社会责任战略可以创造竞争优势，社会责任战略行动与竞争优势之间存在着正相关关系。

扎德克（Zadek）从责任竞争力的角度出发，指出了三代企业的责任竞争力：第一代企业实施了短期的、缓解痛苦的战略；第二代企业设定了战略规划和风险管理政策；第三代企业将社会责任的理念融入企业战略中。

与扎德克的模型不同，战略性企业社会责任研究者认为声誉是一种内部资源，应加以妥善管理。市场营销、公共关系和传播学的研究者表明，企业声誉是促使人们购买企业产品和服务的关键因素。声誉对于企业、政府和非营利组织来说是一个强大的概念。中高层管理者以及内部和外部的利益相关者都会利用声誉来评价和传达他们对企业的看法。因此，良好的声誉可以为企业带来更高的关注度。企业社会责任应有助于提高这种声誉，从而创造竞争优势。

当一家企业能增加价值和创造效益，而现有或潜在竞争对手不能时，则这家企业具备竞争优势。竞争优势可以通过企业的内部资源来实现。但是，要获得这种优势，企业必须具备以下条件：有价值，能发掘企业所处环境中的机会和处理企业所面临的威胁；稀缺性；不可模仿性，其他公司无法模仿；不可替代性，不具有战略等价物。

在企业社会责任领域，大量的研究都强调了企业内部资源的作用。企业社会责任行为应该是有价值的、稀有的、不可模仿的、不可替代的这一定义，我们也可以说，企业社会责任是一组资源，因为它包含了不同的维度，如企业价值观、商业道德、与利益相关者的关系、社会项目、企业声誉等。企业管理者面临着与战略性企业社会责任相关的两个维度：中心性和特异性。当企业社会责任行为与企业使命相联系时，中心性较高，当企业社会责任行为难以被模仿时，特异性较高。当企业社会责任行为远离企业核心活动时，中心性较低，而当这些行为容易被复制时，特异性较低。企业可以创造出与企业核心业务相关的社会项目，这些项目是有价值的、稀有的、不可复制、不可替代的，从而创造出竞争优势。

因此，良好的企业治理、社会创新项目的有效执行和企业的道德管理等可以成为企业竞争优势的差异化来源。应该说，只有通过企业社会责任创造出的竞争优势才真正具有社会效益，因为这种效益应该隐含在社会战略的理念中。企业社会责任行为要成为竞争优势的源泉，就应该为社会创造真实、持续的成果。人们越来越关注外部因素，将其作为战略性社会决策的内部价值，导致人们对行动过程进行反思，分析并预测企业行为的影响，同时预测潜在的积极或消极后果。

扎德克认为，对于扎根于企业社会责任的企业来说，要满足新的市场预期并不难，如处理腐败、保障人权、做好供应链中的环境管理等。

第七章　企业社会责任与企业财务管理的分析

第一节　企业财务管理的基本概述

一、企业财务管理的含义与财务活动

（一）财务管理的含义

企业财务是指企业在生产经营过程中客观存在的资金运动及其所体现的经济利益关系。企业财务管理是企业根据相应的法律、法规，利用价值形式对企业生产经营过程进行的管理，是组织财务活动、处理财务关系的一项综合性管理工作。

（二）财务活动

企业的财务活动是指企业为满足生产经营需要而进行的资金筹集、投放、使用、收回及分配等一系列的活动。企业财务活动一般包括以下四个方面。

1. 筹资活动

只有在必要的资金支撑下，企业的创立和经营活动才能得以开展。企业筹集资金的常用方式有两种：①筹集股权资金，包括吸收直接投资、发行股票、企业内部留存收益等方式；②筹集债务资金，包括银行借款、发行债券、融资租赁等方式。

2. 投资活动

企业投资分为广义投资和狭义投资两种方式。广义的投资又可分为对内投资和对外投资。对内投资指的是企业将资金投放于企业内部的过程，如购置流动资产、固定资产、无形资产等投资行为；对外投资是指企业将资金投放于企业外部的过程，如购买其他企业的股票、债券或对其他企业进行的直接投资。狭义的投资则仅指对外的投资。广义的投资与狭义的投资的共同之处在于都需要企业支付资金，都以获取投资报酬为目的。当投资变现时，企业则会产生资金的收入。

3．资金营运活动

企业在日常生产经营活动过程中，会发生一系列的资金收付行为。首先，企业需要从外部采购材料或商品，用于生产和销售活动，另外，企业还需要支付工资以及其他营业费用；其次，企业将商品或产品售出从而取得收入，回收资金；最后，在资金不能满足经营需要时，企业则需要筹集所需资金。营运资金是指为满足企业日常经营活动的需要而垫支的资金。因企业日常经营而引起的财务活动也称为资金营运活动。

4．分配活动

企业通过投资和资金营运活动在取得相应的收入的同时实现了资金的增值。在补偿了成本、缴纳税金后，企业还依据有关法律对剩余利润进行分配。进行分配时要注意两种资金分配报酬的不同之处：权益资金的报酬分配是按照税后利润来进行的，负债资金的报酬分配是按照税前利润来进行的。从广义上讲，分配是一种对企业各种收入进行分割和分派的行为活动；从狭义上讲，分配则仅指对企业净利润的分配。

上述财务活动存在着相互联系、相互依存的关系。一个完整的企业财务活动正是由上述四个方面的活动所构成的。

二、财务管理的原则

（一）收益与风险均衡原则

风险与收益相伴，要取得收益，不可避免地就要面对一定的风险。对企业而言，如何达到收益与风险的均衡是企业必须面对的问题，这就要求企业对每一项具体的财务活动都要进行收益性和安全性的分析，按照风险和收益适当均衡的原则，趋利避害，力争做到以较低的风险获取较高的收益。

（二）利益关系协调原则

企业在组织实施财务管理过程中，应做好债权人和债务人、所有者和经营者、企业和个人、投资者和受资者之间的各种利益关系的协调与兼顾工作。

(三) 货币的时间价值原则

企业在资金筹集、运用和分配时应用货币的时间价值原则能够有效地提高财务管理水平,也是搞好融资、投资、分配决策的有效保证。运用货币的时间价值观念需要企业将投资项目未来的成本和收益通过现值来表示,如果未来收益的现值大于成本现值,并且未来风险投资的收益高于无风险投资的收益,则该项目可以实施,反之则不可实施。

(四) 战略管理原则

企业的财务战略管理是指为了实现财务目标而进行的长远规划和控制的过程,主要包括以下四个环节:制定战略目标、确定战略规划、实施战略部署和业绩评价。这就要求企业应从财务目标的角度出发,在对经济周期、经济政策、税收政策、同行业竞争者等财务环境进行充分分析研究的基础上,结合企业的实际情况制定长远规划,掌握企业的发展方向,并能积极开展具体的运营活动。

(五) 财务收支平衡原则

在财务管理工作中,收支平衡是企业必须遵循的原则。如果企业收不抵支,则可能会导致资金链的中断或停滞。如果一定时期的收支总额是平衡的,但是收支不同步,出现先支出后收入的情况,也可能会影响资金的顺利周转。企业要做到收支平衡,一方面要做到增收节支,另一方面要积极运用短期投资和筹资行为来调剂资金。企业一旦发现资金有所短缺,则应通过办理借款、发行短期债券等方式进行融资;当企业资金充裕时,可以选择合适的项目进行短期投资。

三、财务管理的基本环节

财务管理环节是指财务管理的一般工作步骤和程序。财务管理的环节是否严密、科学和完善,将直接关系到企业管理工作的成功与否。实践表明,一个健全的财务管理系统至少应包括以下五个基本环节:财务预测、财务决策、财务预算、财务控制和财务分析。这五个环节相互配合,联系紧密,最终形成财务管理循环。

(一) 财务预测

财务预测是指企业根据财务活动的现有资料,结合企业的经营目标,对企业未来一段时间内的财务活动和财务成果所进行的科学预计和测算。财务预测是为企业财务决策、财务预算、财务控制和财务分析提供较为可靠的依据。财务预测涉及企业的整个经营过程，预测的对象不仅仅是资金需求量和成本费用，还包括销售收入、利润总额和分配等。财务预测工作一般应遵循以下步骤：①明确预测对象和目的；②收集和整理相关资料；③确定预测方法，建立预测模型；④确定并提供预测结果。

财务预测的方法主要有定性预测法和定量预测法两种。定性预测法是一种以精通业务的专职人员做出的预测意见为基础，通过某种方式进行综合，从而进行预测的方法。定性预测法常见的形式有专家会议法、德尔菲调查法、访问法、现场观察法、座谈等。定量预测法是一种以历史资料和现时资料为基础建立数学模型，从而进行预测的方法。定量预测法常见的形式包括时间序列预测法（包括算术平均法、加权平均法、移动平均法、指数平滑法、最小二乘法等）、相关因素预测法（包括一元线性回归法、多元线性回归法等）、概率分析预测法（主要指马尔柯夫预测法）等。以上两种预测方法互为补充，企业进行预测时将两种方法结合使用会达到更好的预测效果。

（二）财务决策

财务决策是指在财务目标的总体要求下，财务人员运用专门的决策方法从众多备选方案中选出最佳方案的过程。现代企业财务管理系统以财务决策为核心，财务决策对企业未来的发展方向起决定作用，也关系到企业的兴衰存亡。财务决策主要包括以下内容：筹资决策、投资决策、股利决策和其他决策。筹资决策着重解决如何以最低成本获得企业所需资金，维系合理的资本结构的问题，包括确定筹资对象、数量、方式、时间结构比例关系等。投资决策着重解决如何选择改进投资对象、投资数量、投资时间、投资方式和投资结构的问题。股利决策着重解决如何合理分配股利的问题。其他决策涉及对企业兼并与收购、企业破产与重组等的决策。

财务决策一般应遵循以下工作步骤：①确定决策目标；②提出备选方案；③选择最优方案。常见的财务决策方法有两种：经验判断法和定量分析法。前者的判断依据是决策者的经验，主要包括淘汰法、排队法和归类法。后者以决策理论中的定量方法确定、分析、评判、选择方案，主要包括数学分析法、数学规划法、概率决策法、效用决策法、优选对比法。

（三）财务预算

财务预算是指运用先进的技术手段和方法，对预算目标进行综合平衡，最终编制主要计划指标的过程。财务预算必须以财务决策确立的方案和财务预测提供的信息作为基础，是对财务预测和财务决策所确定的经营目标进一步的系统化、具体化，也是控制、分析财务收支的基本依据。同样地，财务预算也涉及企业财务活动的整个过程，主要包括现金预算、利润预算、财务状况预算。现金预算的对象是企业特定时期内现金流转时间及金额数量，包括对于营业活动、投资活动和筹资活动的现金流量的预算。利润预算的对象是企业特定时期内的营业利润、利润总额和税后利润。财务状况预算的对象是企业一定时期内资产、负债和所有者权益的规模及分布情况。财务预算一般应遵循以下工作步骤：第一，分析财务环境，确定预算指标；第二，协调财务能力：第三，选择预算方法，编制财务预算。编制财务预算主要有固定预算与弹性预算、增量预算与零基预算、定期预算和滚动预算等方法。

（四）财务控制

财务控制是财务管理机构及人员以财务制度或预算指标为依据，采用特定的技术手段和方法，对各项财务收支进行日常的计算、审核和调节，将其控制在制度和预算规定的范围之内，发现偏差，及时进行纠正，以保证企业财务目标实现的过程。财务控制主要包括对于筹资、投资、货币资金收支、成本费用、利润、财务风险等方面的控制。财务控制一般应遵循以下工作步骤：第一，分解指标，落实责任；第二，计算误差，实时调控；第三，考核业绩，奖优罚劣。财务控制大致分为三类，分别是防护性控制、前馈性控制和反馈性控制。

（五）财务分析

财务分析是以会计核算资料为依据，对企业财务活动的过程和结果进行分析研究，评价预算完成情况，分析影响预算执行的因素及变化趋势的过程。通过财务分析，企业可以掌握各项财务预算和财务指标的完成情况，检查国家有关方针、政策及财经制度、法规的执行情况，以不断改善财务预测和财务预算工作，提高财务管理水平。财务分析主要包括偿债能力分析、营运能力分析、获利能力分析、发展能力分析和财务综合分析等内容。财务分析一般应遵循以下步骤：①收集资料，掌握信息；②计算对比，做出评价；③分析原因，明确责任；④提出措施，改进工作。财务分析方法主要有：因素分析法（差额分析法、连环替代法）、趋势分析法（定基分析、环比分析、绝对值分析）和比率分析法（构成比率、效率比率、相关比率）。

四、财务管理的目标

财务管理目标是企业财务管理活动所期望获得的预期成果，也是对财务管理活动进行评价的基本标准。财务管理的目标主要有利润最大化目标、股东收益最大化目标和企业价值最大化目标。

（一）利润最大化目标

企业只有取得一定的利润，才能正常经营下去，进而谋求更大的收益。因此，利润最大化是企业财务管理的重要目标之一。

企业以利润最大化为目标主要有以下优点：①有利于促使企业开源节流，研发新技术和产品，降低产品和服务等的成本，不断优化资源配置结构，从而使企业占领更大的市场，获得更多的利润；②有利于企业更加直观地了解自身的发展获利情况，明确自身的市场定位。

但是，将利润最大化作为目标也有以下缺点：①忽略了利润实现的时间和资金时间价值。在不同历史时期和阶段，货币的价值是不同的；②忽略了行业问题。在市场经济中，不同行业的情况不同，相同价值的利润对于不同行业的意义是不同的。例如，高新技术产业与纺织工业的利润就不能简单比较；③容易导致企业决策的短期化。因为利润是非常直观的指标，所以企业在实际运营过程中，一般以月、季度或者年来计算利润，容易着力于短期利润，而忽略长期发展。

（二）股东收益最大化目标

股东收益最大化指的是企业通过财务上的合理经营，为股东带来最多的财富。企业以股东收益最大化为目标主要有以下优点：①概念清晰，股东收益最大化可以用股票市价来表现；②考虑了资金的时间价值；③科学地考虑了风险因素，因为风险的高低会对股票价格产生重要影响；④股东收益最大化在一定程度上能够克服企业在追求利润上的短期行为，因为不仅目前的利润会影响股票价格，预期未来的利润对企业股票价格也会产生重要影响；⑤股东收益最大化目标比较容易量化，便于考核和奖惩。

但是，以股东收益最大化为目标也有以下缺点：①它只适用于上市公司，对非上市公司很难适用；②股东收益最大化要求金融市场是有效的。由于股票的分散和信息的不对称，经理人员为实现自身利益的最大化，有可能以损失股东的利益为代价做出逆向选择；③容易忽视其他相关者的利益。企业与员工、合作商等的关系非常紧密，忽视其他相关者的利益，不利于企业的长远发展。

（三）企业价值最大化目标

企业价值最大化是指通过企业财务上的合理经营，采用最优的财务政策，充分考虑资金的时间价值和风险与报酬的关系，在保证企业长期稳定发展的基础上，使企业总价值达到最大。其基本思想是将企业长期稳定发展摆在首位，强调在企业价值增长中满足各方利益关系。

企业以价值最大化为目标的优点是：①以企业价值最大化为目标有利于企业决策的长期化，避免短期化倾向；②将价值作为指标更加稳定，用价值替代价格作为依据会减少很多外界的干扰，对企业价值的评估会更加有效。企业以价值最大化为目标的主要缺点是：价值很难准确界定，缺乏清晰的衡量标准。

第二节　企业财务管理目标与社会责任的关系

一、企业社会责任的概念

企业社会责任的概念有多种层面的解释，总体概括来说主要是指企业在生存与发展的过程中，面对政策层面与社会道德层面等因素或问题，为维护政府职能与社会公众利益而理应承担的责任与义务。而企业履行其社会责任的主要对象一般为企业所有者以外的与企业利益直接或间接相关的社会民众或政府部门等，例如企业职工、社会消费者、生产供应商等。同时，企业还在社会安全、环境、文化等方面具有相关的责任与义务。

企业的社会责任源于企业经营过程中与其社会责任对象之间的利益矛盾，而为了保障与企业经营相关的社会责任对象的合法权益，就必须要在企业经营活动过程中施以限制，以促使企业与社会责任对象之间的利益均衡。

二、利益相关者理论

20 世纪 60 年代"利益相关者理论"开始出现在欧美发达国家的内控管理制度中，到了 80 年代，开始有越来越多的企业关注进而重视该理论在实际经营中的应用，并开始形成系统的利益相关者管理理论体系。该理论体系的主旨就是要权衡与调和各方面的利益相关者的利益关系并加以有效的管理。根据利益相关者理论的观点，企业在生产经营过程中，既要考虑企业所有者的利益，还必须要权衡企业员工、社会消费者、生产供应商、政府部门及社会机构等其他相关者的利益，才能实现长期健康稳定发展的态势。利益相关者理论并不是要忽视或轻视企业所有者的利益，而是认为企业应该将两者予以兼顾。该理论还进一步强调，企业所有者在追逐利润、谋求发展的同时，还要充分考虑利益相关者的利益需求，否则企业所有者在经营过程中也将蒙受损失。换言之，企业如果忽视社会责任也不会获得持续发展的机会。

三、企业社会责任的主要内容

（一）企业对公共安全的社会责任

企业作为社会上生产经营的场所，其理所当然地要承担公共安全的社会责任。例如：安全生产、环境安全、设备安全、防火安全等。

（二）企业对员工的社会责任

从企业与职工间的合同关系来看，企业的聘用原则同时也反映出企业的社会责任。从企业管理的角度出发，企业员工在对工作环境及内容的满意程度、企业在员工安全生产与健康的保障、企业员工综合素质的培养与提高以及劳动报酬与福利待遇方面的相关情况等，都是企业社会责任的重要表现内容。

（三）企业对消费者的社会责任

企业对消费者的社会责任主要就是确保消费者的各项合法权益。这关系着企业与消费者之间就产品或服务所带来的相关影响，其主要包括产品安全性、产品服务、产品宣传的真实程度等。

（四）企业对自然环境的社会责任

就整个世界的发展趋势而言，推进环境保护已经是不可逆转的事实。因此，企业对于保护环境的责任更是不容推脱，这方面主要包括：处理废水、废气、废渣，降低能耗，减少资源浪费等。

当然，企业社会责任的内容是非常广泛的，不仅仅局限于以上的四个方面。企业的社会责任还会体现在维持社会稳定方面，例如维护金融市场以及物价水平的稳定方面等。同时，企业的社会责任还包括社会的文化建设层面，例如政府工作会议方针的宣导，历史文化的推广与学习等。

四、企业财务管理目标与社会责任的关系

（一）公共安全的社会责任与财务管理目标的一致性

企业作为社会中的重要单元，对于社会公众的安全则自然而然地成为了企业生产经营过程中所必须要关注与承担的重要责任，同时企业生产经营过程中的安全状况也是保障企业健康发展的重要前提。企业吸纳了社会上众多的个体组成一个集合，其本身已然成为社会中的最基础、最重要的组成部分。因此，企业抓稳公共安全的责任就是为社会稳定做出的重要贡献。

总之，"安全第一"是一个永恒的主题，企业想要健康、持续、和谐的发展，就必须要将安全放在首要位置。如果企业的公共安全责任落实不到位，安全工作开展不落地，就极易造成安全事故，进而给企业造成影响长远且难以挽回的巨大损失。

（二）对消费者的社会责任与财务管理目标的一致性

消费者与产品都是企业获得利润的基础，而产品质量则是消费者认知与判断企业产品的重要标准。因此，企业对于消费者的社会责任就是要不断提高产品的质量与服务的水平，努力为社会消费者提供优质产品与服务，进而提升企业自身在市场中的核心竞争力，促进企业未来战略目标的实现，构成企业可持续性发展的重要保障。相反的，如果企业的产品质量没有达到顶期标准，或者没有与其对外宣称的市场定位相符合，甚至出现消费欺诈行为的，作为消费者就会本能地为维护自身的合法利益而对企业发起诉讼，而社会公众也会声讨企业的这种违法行为，进而对企业声誉带来严重的损害，甚至企业会面临合法权益受害方的巨额经济赔偿，给企业造成严重的经济损失，更有甚者可能面临破产的局面。

所以，企业只有重视产品质量，对社会公众负责，接受社会的监督，担负起相应的社会责任，才会赢得消费者的信任，只有优质的产品才能在市场上获得竞争的优势，进而将其转化为企业的利润，最终实现企业的财务目标。

（三）财务管理目标与企业环境保护方面的关系表现

自然环境因素在企业社会责任与实现企业财务管理目标之间的关系主要有以下两个方面的内容：首先，企业日常生产的能源消耗所产生的污染物排放与企业可持续经营及企业综合价值之间的关系。例如，因企业生产经营而对于周边社区环境造成污染，进而使社区民众对污染排放产生担忧。如果企业没有有效的控制措施，或者没有得到社区民众的支持，这就会造成企业综合价值的减少，进而影响企业的财务管理目标的实现，企业如果没有针对污染物排放拿出有效的举措，还将对企业的可持续经营造成严重影响。其次，随着社会的发展与人民生活水平的不断提高，社会公众对于自身权益的认知越来越强，环境意识越来越强。如果企业对于有自身原因而造成的污染行为不及时予以改善，就会造成不良的社会反响，甚至卷入受影响民众的法律诉讼中，从而导致企业信誉的下降，最终影响企业财务目标的实现及预期效益的达成。

（四）企业对员工的社会责任与财务管理目标的关系表现

企业对社会的贡献形式有很多种表现，而创造更多的就业岗位便是其中的一种重要表现形式。社会整体的就业形势直接关系到整个国家及人民生活水平的健康平稳程度，而社会的稳定发展也是企业得以可持续发展的重要因素与前提，因此，有效地扩大就业规模，与国家政府协同创造充满发展活力的社会环境，也便成了当今企业自身不可推卸的社会责任的重要表现。同时，企业如何为自身员工提供具有吸引力与竞争力的福利待遇，打造合理的、人性化的薪酬及绩效奖励机制也是对职工群体负责的重要体现，因为无论对于企业还是社会而言，人永远是客观载体得以可持续发展的重要基础与动力。因此，企业作为社会的重要组成部分，勇于担负起对员工的社会责任，将在为其自身发展创造稳定环境的同时获取更大的收益。

综上所述，企业的财务管理目标与企业社会责任是不可分割的两个关系主体，是相互影响，相互制约的利益载体。企业的发展与社会环境、自然环境、消费群体、社会公众、安全保障等有着十分重要的关系。因此，企业必须要敢于承担自己的社会责任，才能切实有效的实现自身的财务管理目标，推动企业健康可持续的向前发展。

第三节　企业非财务绩效评价的具体内容

传统的以单纯的财务指标作为其构成要素的企业绩效评价机制已经越来越明显地暴露出了弊端。要对企业的绩效进行客观评价，绝不能仅仅满足于财务绩效方面的评价。换言之，财务绩效评价只是企业综合绩效评价机制的一部分。而将财务指标与非财务指标结合起来，共同对企业绩效进行评价，越来越受到重视。20 世纪 80 年代以后，企业组织形式发生了巨大的变化，出现了战略联盟、跨国企业、横向联合、虚拟企业等新的企业组织形式，同时企业在经营过程中逐渐加深对外部环境的认识，重视与供应商、销售商、客户建立协作伙伴关系，而一些新的管理方法和理论诸如 JIT（适时制）、BPR（业务流程重组）、CIMS（计算机集成制造）、CE（并行工程）等也加速了企业自身在经营管理上的变革。这些变化都冲击了已有的企业绩效评价模式，因此，企业和学术界对企业绩效评价模式的发展和完善做了积极的探索和研究，尝试将市场份额、产品和服务质量、技术创新、人力资源和客户满意度等方面内容纳入企业绩效评价体系中。特别是1992年卡普兰和诺顿提出的平衡计分卡方法，他们认为除了采用财务指标对企业的经营成果进行反映外，还应从客户满意度、内部流程及学习、成长与创新三个方面来对企业绩效进行测评，该观点得到广大企业界和学术界的认可。此后，非财务指标在企业绩效评价中的理论和应用研究越来越受到国内外学术界的重视。

一、国外企业非财务绩效评价

国外对非财务指标的关注最早起源于企业在经营活动中的需要。早在1951年，美国通用电气公司就将市场份额、员工积极性、公众反应等非财务指标引入企业绩效评价。20世纪70年代，企业开始将营销、生产、研发、财务和人力资源各职能部门协调统一，从整体上来研究绩效评价指标。进入20世纪80年代，美国多数企业意识到仅依靠财务指标并不能反映企业绩效的真实情况，只能反映短期经营状况，长期发展能力无法在财务报表中得到体现。因此，之后的绩效评价体系中出现了非财务指标内容。人们不仅关注过去经营活动的成果，同时更关注企业以后的发展能力和获利能力。企业开始系统地将诸如客户满意度、质量管理、产品生产周期、战略及学习与创新能力等非财务指标引入企业绩效评价中去。国外学术界根据企业的这种现实需求对非财务指标在业绩评价中的应用进行了相关的规范和实证研究。

20世纪末和21世纪初，学界出现了许多各具特色的融入非财务指标的业绩评价系统，有代表性的有德鲁克以改革为核心的观点，罗伯特·霍尔的四尺度论，凯文·克罗斯和理查德·林奇的业绩金字塔模型，卡普兰和诺顿的平衡计分卡方法。

罗伯特·霍尔认为，评价企业的绩效需以四个尺度为标准，即质量、作业时间、资源利用和人力资源开发，通过对这四个尺度的改进，企业可以减少竞争风险。其中，质量尺度分为外部质量、内部质量和质量改进程序三种。外部质量是指客户或企业组织外部的其他人对其产品和服务的评价，它是产品和服务的精髓。具体指标包括客户调查情况、服务效率、保修及可靠性等。内部质量代表企业组织的运营质量，包括总产量、生产能力、检验比率以及残次品和返工率等。质量改进程序是企业组织采用的确保高水平的外部和内部质量的程序或一系列的公式化步骤。作业时间是把原材料变为完工产品的时间段，具体包括工具检修时间、设备维修时间、改变产品和工序设计的时间、项目变更时间、工具设计时间和工具建造时间等。资源利用尺度用以计量特定资源的消耗和与此相关的成本，如直接人工、原材料消耗、时间利用和机器利用。前两项指标是制造产品和提供劳务的直接成本，后两项既包括直接成本，又包括间接和机会成本。人力资源开发尺度是指企业需要有一定的人力资源储备和能恰当评价、奖励雇员的管理系统。霍尔同时承认，要求企业做出全方位的改变是困难的，企业通常只能在一段时间内从这四个尺度逐渐改进。需要注意的是，任何指标的改进不应以牺牲其他指标为代价，如作业时间的改进不应以降低质量为代价，同样，质量方面的改进也不应以牺牲资源为代价。

为了凸显战略性业绩评价中总体战略与业绩指标的重要联系，1990 年，克罗斯和林奇提出了一个把企业总体战略与财务和非财务信息结合起来的业绩评价系统——业绩金字塔模型。在业绩金字塔模型中，企业总体战略位于最高层，由此产生企业的具体战略目标，并向企业组织逐级传递，直到最基层的作业中心，战略目标的传递呈多级瀑布式传递。制订了科学的战略目标之后，作业中心就可以建立合理的经营业绩指标，以满足战略目标的要求，然后，这些指标再反馈给企业高层管理人员，作为企业制订未来战略目标的基础。

1992 年卡普兰与戴维·诺顿在《哈佛商业评论》上发表了《平衡计分卡——业绩衡量与驱动的新方法》，首创新型业绩评价体系与战略管理工具——平衡计分卡。平衡计分卡是一种先进的衡量绩效的工具。平衡计分卡将战略从四个不同角度分成不同的运作目标，并依照这四个角度分别设计适当的绩效衡量指标。因此，它不但为企业提供了有效运作所必需的各种信息，克服了信息的庞杂性和不对称性的干扰，更重要的是，它为企业提供的这些指标可量化、可测度、可评估，从而更有利于对企业进行全面系统监控，促进企业战略与远景目标的达成。

西蒙（Simon）通过研究发现，企业绩效与产品质量、市场地位、组织结构等企业经营战略有关系，同时企业经营战略与非财务指标有着紧密的联系，它们之间的关系越紧密，股东的投资回报率就会越高。

班克（Banker）在一项为期六年的研究中发现，客户满意度与企业未来的财务绩效显著相关，其含有财务指标未能揭示的其他信息，是非财务绩效的衡量指标之一。

伊特纳（Ittner）、拉克尔（Larcker）和泰勒·兰德尔（Taylor Randall）通过对 140 家美国上市公司的财务服务机构进行的相关调查研究发现，包含财务指标和非财务指标的综合评价指标体系相比单一财务指标体系更能全面地反映企业的绩效情况。此外，他们还从客户、业务单元和公司三个层面对其中两个财务服务性公司分别进行了检验，客户和业务单元层面的检验显示客户满意度和企业的未来财务绩效呈正相关，而公司层面的检验结果未能验证此关联关系。

哈桑（Hassan）对企业高管薪酬激励合约中是否包含非财务指标做了实证研究，发现非财务指标与企业特性以及有营利的业绩成果之间的恰当匹配是影响一个企业是否在高管薪酬激励合约中保留非财务指标业绩评价的关键因素，其研究结果表明，只有企业特性与非财务指标的采用达到一定的匹配度时企业才会取得更好的绩效，如果实际情况不是这样，企业会放弃使用非财务绩效评价指标。

丹尼斯·坎贝尔（Dennis Campbell）研究了在利用财务及非财务指标对企业基层管理人员进行绩效评价后发现，以非财务指标评价美国的快餐行业商店管理人员的服务质量，其对职务的升降是敏感的。也就是说，将非财务指标用于基层管理人员的绩效（或其他方面）的评价，他们会对评价结果做出积极的反馈，从而可以对企业的绩效产生影响。

在英国，员工一般认为企业非财务指标的设计程序是合理的，员工会对相关非财务指标的设置做出反馈，非财务指标的设置是有效的。许多研究主要关注的是企业使用非财务指标的目的是克服传统仅使用财务指标进行企业绩效评价的不足。

二、国内企业非财务绩效评价

王化成和刘俊勇评价卡普兰和诺顿的平衡计分卡，认为平衡计分卡的最大贡献就在于它引入了非财务评价指标。之后的发展则使它超越了仅仅作为企业的一个业绩评价系统的功能，成为一套行之有效的战略管理系统，将所有员工的极限工作能力以及具体实践知识综合应用，以实现公司的长远战略目标。

张川和潘飞通过对 76 家国有企业进行研究，较为系统地分析了客户满意度与企业财务绩效的关系。他们证明了企业的客户满意度越高，企业营利能力就会越高，从提高客户满意度来改善绩效评价效果这一层面来看，企业可以通过提高单位产品利润率和增大销售量来提高营利能力，张川等发现，企业相对来说更可能采用前者。2008 年，他们又对 158 家企业进行了问卷调查，分析了非财务指标采用程度对企业绩效的影响，分析发现对非财务指标的采用程度越高越会带来更高的企业绩效。但是无论是财务指标还是非财务指标，企业对其重视程度都有不足，仅仅提高对评价指标的重视程度不会影响企业绩效，同时，非财务指标与财务指标的采用程度都显著低于它们被认为的重要程度。

杜胜利博士认为非财务指标注重企业未来的绩效发展，与企业发展战略密切相关，但非财务指标的改进和利润的关系比较模糊，非财务指标之间关系不够明确甚至是相互矛盾的。所以他认为理想的绩效评价体系应该是财务指标与非财务指标的结合，他认为评价指标应该从六个方面着手：财务方面、客户方面、过程方面、质量方面、员工方面和研究开发方面。

张蕊认为传统财务指标评价体系追求短期利益，而且只能反映过去的经营成果，所以缺乏相关的评价指标。传统财务指标重视资产等有形资产，忽视了技术专利、创新与学习能力等无形资产，并且传统财务指标注重局部利益，轻视整体效益。财务指标有局限，不利于企业的长期竞争和发展。她认为应以创新、客户、内部经营和员工等几个方面的非财务指标来建立企业绩效评价指标体系。

曾峻通过对文献的归纳总结系统地分析了非财务指标在业绩评价中应用的基本理论依据，论述了非财务指标的选择与设置以及财务指标和非财务指标在业绩评价中的综合应用。但其运用权重加成方法计算企业履行社会责任程度仍带有一定的缺陷。其一，利用一个总指标来研究企业社会责任有较高的主观性；其二，采用一个总测评指标来研究企业社会责任会掩盖社会责任的结构和分类问题；其三，衡量社会团体的满意度跟企业履行社会责任情况的指标并不是完全成正比的线性关系。事实上，如果企业履行某项社会责任达到一定的程度，它就已达到相应社会团体的满意水平，而权重加成测评则忽略了这一点。

杨军芳等在《商业银行业绩评价的非财务指标设计》中将商业银行作为研究对象，认为传统的商业银行业绩评价体系以应用财务指标为主，仅对商业银行过去经营行为做静态描述，不能全面地反映商业银行的业绩情况。而非财务指标能够对商业银行的经营管理过程及无形资产进行衡量，能反映商业银行业绩的更深层次内容。因此，非财务指标的应用是商业银行业绩评价体系的有效补充，是进行综合业绩评价不可或缺的部分。

孟显仕认为非财务指标在企业绩效评价中的应用是绩效评价发展的一个趋势，企业应根据自身的实际情况来选择和设置非财务指标，以完善企业绩效评价指标体系。

三、国内外对企业绩效的研究

要对企业的绩效进行全面客观的评价，一定要突破传统的仅以财务指标为衡量手段的评价机制，将非财务指标引入评价体系。但这并不是否定财务指标的重要性，也不是绝对地夸大非财务指标的作用，而是辩证地处理二者的关系。非财务指标有很多优点，当然也存在一定缺陷。过分重视财务绩效，企业易产生短视行为，影响长期发展，但只关注非财务绩效而忽略财务绩效，则容易因为财务缺乏弹性而失败。

事实上，财务绩效与非财务绩效都是企业总体绩效的组成部分。财务绩效是通过会计信息系统获得的表象、结果和有形资产的积累，非财务绩效则是通过经营管理系统获得的内因、过程和无形资产的积累，对企业长远的盛衰成败关系极大。信息时代的高科技环境，使得工业时代望尘莫及的非财务评价指标引进成为可能。随着竞争环境的变化和企业经营理念的转变，将非财务评价指标与财务评价指标有机结合，共同对经营行为和企业绩效进行评价，将是大势所趋，这也将帮助企业在薪酬激励计划中建立一套内容广泛而有用的绩效评价指标体系，并与长期股东价值最大化目标有机地结合在一起。

另外，对国有企业和国有资本绩效评价指标体系的探索，可以加快建立现代企业制度，有助于解决企业的发展动力问题。利用平衡计分卡，可以了解企业如何为现在和未来的客户创造价值，如何提高内部生产力，以及如何为提高未来经营效率而对人员和系统进行调整。这样的评价体系使得企业的战略目标在各个环节得以落实，从而使国家的利益得到保障，确保了国有资本的保值增值。

就目前国内外对非财务指标的相关研究来看，非财务指标在企业绩效评价中应用还存在以下问题：①目前对非财务指标概念的内涵和外延，学术界还没有一个统一的认识，对非财务指标的认识有待进一步探讨；②未能形成一个比较统一的非财务指标理论体系，对非财务指标体系逻辑框架的构建以及具体构成要素的确定有待进一步研究；③非财务指标本身存在难以度量的困难，这直接影响到关键非财务指标的确定和选取、非财务指标评价标准的确定以及非财务指标体系的绩效评价方法的确认。因此，对关键非财务指标的选取、非财务指标评价标准的确定和非财务指标体系的绩效评价方法的确认也需做进一步研究。

第四节　企业社会责任与企业非财务绩效关系

社会的变革必然引发企业的变革，企业不再单一追求经济目标，而是同时追求经济目标和社会目标。企业社会责任也符合当前倡导的"科学发展"的经济理念、"以人为本"的发展格局，因此，企业社会责任的履行越来越受到企业和学术界的普遍关注。以往学术界关于企业社会责任与企业财务绩效的研究非常多，而涉及企业社会责任与企业非财务绩效的研究却少之又少，这可能会限制企业履行社会责任的行为选择和方式。我们将目光转向企业社会责任行为对非财务绩效的影响，可能会有助于我们进一步拓宽研究思路，强化对企业社会责任的理解。

一、企业社会责任与企业非财务绩效的实证研究

徐光华等人在《战略绩效评价模式：企业社会责任嵌入性研究》一文中构建了企业的战略绩效评价时钟模型，将企业共生战略绩效划分为经营绩效、财务绩效和社会绩效，这三大绩效呈现循环上升的趋势，社会绩效就是对企业履行社会责任情况的评价。

杨兵、柯佑鹏在非财务指标影响上市公司财务危机预测能力的实证研究中，通过分析我国财务危机预测领域的研究状况，研究了样本的选取对于研究结果的影响以及非财务指标在财务危机预测中的作用，发现非财务指标的引入可以大幅度地提高上市公司财务危机预测的准确程度，特别是在上市公司遭遇财务困境前几年会达到良好的预测效果。

在《零售企业战略性企业社会责任与消费者响应》一文中，郭晓凌和陈可立足于零售行业的环境保护方面，分析了客户中心的战略性企业社会责任和利润中心的战略性企业社会责任对消费者响应的影响，具体体现在客户认知、态度和行为三个层面，通过实证研究得出战略性企业社会责任能够使消费者产生企业社会责任联想，并提高其购买意愿和忠诚度。

贝鲁（Belu）和曼内斯库（Manescu）研究发现，战略性企业社会责任对财务绩效的影响比传统企业社会责任对财务绩效的影响更具相关性，同时，战略性企业社会责任可以兼顾利润最大化原则，因为它不损害企业的经济利益。近年来，战略性企业社会责任的实证研究要略少于战略性企业社会责任的理论研究，并且结论难以达成一致。

许英杰和石颖以沪深300指数企业为例，研究了战略性企业社会责任的影响因素。他们在《中国上市公司战略性社会责任影响因素研究——以沪深300指数企业为例》一文中提出，战略性企业社会责任主要包括企业规模、营利性、股东控股性质、行业可见性、总部地区分布五个方面的因素。

王志娟在实地调研的基础上，实证研究、分析了企业的人力资本心理养护对非财务绩效的影响。其认为企业人力资本心理养护与企业非财务绩效呈正相关关

系，但是，企业人力资本心理养护的四个维度——客户、内部经营与创新、学习和成长、社会责任对企业非财务绩效作用的显著性各不相同。企业人力资本心理养护对企业非财务绩效有正向影响，自我效能感和心理资本在其中起中介作用，情感承诺和组织支持感在其中起调节作用。

二、企业社会责任与企业非财务绩效的国内外研究

综合国内外相关研究可以发现，企业社会责任与企业财务绩效的相关理论或实践研究颇多，研究结论皆显示两者具有正相关性。而企业社会责任下的非财务绩效实证研究甚少。谢蓉蓉在《企业社会责任未来研究方向》一文中，在从财务绩效到非财务绩效研究，从整体社会责任评价到具体利益相关者评价研究两个方面为企业社会责任与非财务绩效的关系研究提供了思路。企业社会责任行为对非财务绩效的影响可从以下几个维度进行探索。一是对企业自身的影响。企业履行社会责任能提高企业自身声誉，为企业塑造正面形象，这种良好且正面的形象能否在企业面临危机和困境时发挥积极作用。企业履行社会责任是否对企业文化产生影响，而企业文化是否会进一步影响组织整体的运行效率和方式。二是对员工的影响。企业履行社会责任对企业内员工满意度、员工离职率、员工工作效率、高技术人才吸引能力的影响。三是对供应链的影响。企业履行社会责任是否能够对供应链产生影响，例如对商业信用的影响。四是对其他利益相关者的影响，例如对消费者满意度、消费者回头率等的影响。

中国社会和经济发展在进入了一个新的阶段后，企业在产品质量保障、员工权益保障、消费者权益保障、环境保护等方面都应承担相应的责任。因此，本书着眼于中国经济新常态，借鉴利益相关者理论，从与客户创造共享价值的视角，使用质性研究中的访谈法和定量分析法对战略性企业社会责任为企业创造非财务绩效的途径和机制进行了分析和探讨。

参 考 文 献

[1] 陈义仁. 现代企业物资管理[M]. 广州：广东经济出版社，2001.

[2] 邵冲. 管理学概论[M]. 广州：中山大学出版社，2001.

[3] 张仁德，霍洪喜. 企业文化概论[M]. 天津：南开大学出版社，2001.

[4] 邵一明，蔡启明，刘松先. 企业战略管理[M]. 上海：立信会计出版社，2002.

[5] 孙义敏. 现代企业管理导论[M]. 北京：机械工业出版社，2002.

[6] 张德. 企业文化建设[M]. 北京：清华大学出版社，2003.

[7] 王庆成，李相国. 财务管理学[M]. 北京：中国财政经济出版社，2006.

[8] 龚易鸣. 质量管理学[M]. 上海：复旦大学出版社，2008.

[9] 李克勤. 企业管理教程[M]. 上海：上海人民出版社，2008.

[10] 芮明杰. 管理学原理[M]. 上海：格致出版社，2008.

[11] 王关义等. 管理学原理[M]. 北京：经济管理出版社，2009.

[12] 王利平. 管理学原理（第3版）[M]. 北京：中国人民大学出版社，2009.

[13] 杨欣，李向红. 新编财务管理[M]. 北京：北京大学出版社，2009.

[14] 张国良. 战略管理[M]. 杭州：浙江大学出版社，2009.

[15] 张克俭. 企业管理概论[M]. 徐州：中国矿业大学出版社，2009.

[16] 张蕾，闫弈荣. 现代企业管理—理论与案例[M]. 北京：中国人民大学出版社，2010.

[17] 张余华. 现代物流管理（第2版）[M]. 北京：清华大学出版社，2010.

[18] 张国梁. 企业文化管理[M]. 北京：清华大学出版社，2010.

[19] 王明吉，秦颐. 财务管理学[M]. 杭州：浙江大学出版社，2010.

[20] 黄顺春. 现代企业管理学教程（第3版）[M]. 上海：上海财经大学出版社，2011.

[21] 刘伟. 财务管理[M]. 武汉：华中科技大学出版社，2011.

[22] 彭华岗. 企业社会责任管理体系研究[M]. 北京：经济管理出版社，2011.

[23] 陈玉菁，宋良荣. 财务管理[M]. 北京：清华大学出版社，2011.

[24] 葛玉辉. 人力资源管理（第3版）[M]. 北京：清华大学出版社，2012.

[25] 曲喜和. 财务管理（第 2 版）[M]. 北京：北京邮电大学出版社，2012.

[26] 荆新，王化成，刘俊彦. 财务管理学（第 6 版）[M]. 北京：中国人民大学出版社，2012.

[27] 辛磊，易兰华. 企业管理概论[M]. 上海：上海财经大学出版社，2012.

[28] 马义中，汪建均. 质量管理学[M]. 北京：机械工业出版社，2012.

[29] 于莉，王吉方. 企业管理[M]. 北京：电子工业出版社，2012.

[30] 周梅妮. 现代企业管理[M]. 北京：北京理工大学出版社，2013.

[31] 陈传明，周小虎. 管理学原理（第 2 版）[M]. 北京：机械工业出版社，2013.

[32] 李东进，秦勇. 管理学原理[M]（第 3 版）. 北京：中国发展出版社，2014.

[33] 易开刚. 企业社会责任教程[M]. 杭州：浙江工商大学出版社，2014.

[34] 杨春方. 企业社会责任驱动机制研究：理论、实证与对策[M]. 广州：中山大学出版社，2015.

[35] 王鹏. 供应链管理[M]. 北京：北京理工大学出版社，2016.

[36] 冯梅，魏钧，曹辉，王晓玲. 企业社会责任概论[M]. 北京：经济科学出版社，2017.

[37] 李宝元. 现代职业生涯管理学[M]. 北京：北京师范大学出版社，2017.

[38] 彭新武. 西方管理思想史[M]. 北京：机械工业出版社，2018.

[39] 韦绪任. 财务管理[M]. 北京：北京理工大学出版社，2018.

[40] 黄群慧，钟宏武，张蒽，任姣姣，董德尚. 企业社会责任蓝皮书：中国企业社会责任研究报告[M]. 北京：社会科学文献出版社，2019.

[41] 赖文燕，蔡影妮. 现代企业管理[M]. 南京：南京大学出版社，2019.

[42] 付鸿彦. 利益相关者视角下战略性企业社会责任与企业非财务绩效关系的实证研究[M]. 北京：中国财富出版社有限公司，2020.

[43] 芮萌等. 社会责任：企业发展的助推剂[M]. 上海：复旦大学出版社，2020.

[44] [美] 斯蒂芬·罗宾斯，玛丽·库尔特. 管理学[M]. 刘刚，译. 北京：中国人民大学出版社，2008.

[45] [美] 哈罗德·孔茨，海因茨·韦里克. 管理学:国际化与领导力的视角精要版（第 9 版）[M]. 马春光，译. 北京：中国人民大学出版社，2014.